이재명의 실용경제

이재명의 실용경제

1쇄 2025년 6월 27일

엮은이 박종인·이승석
펴낸곳 (주)데일리브리프
펴낸이 전중연
편 집 권효정
주 소 서울시 마포구 큰우물로 75, 11층 1110호
전 화 070-8805-5454
이메일 press@dailybrief.co.kr
출판신고 제2025-000157호(2025년 5월 29일 신고)

ISBN 979-11-993157-0-9 03300

이재명의 실용경제

박종인·이승석

데일리브리프

차 례

이 책에 대하여 … 6

1장_ 경제 현실

1 현 경제 상황 인식 … 12
2 국민의 요구 … 16

2장_ 민생

3 '최소 생존'에 대하여 … 22
4 소비 진작 / '추경'에 대하여 … 31
5 정년연장과 노동시간 … 36
6 산업재해 … 50
7 근로소득세 … 55
8 상속세 … 59
9 중소기업 가업 승계 … 67
10 부동산과 다주택자 세금 … 74

3장_ 정부

11 경제정책에 대한 원칙 … 86
12 북한 문제 … 92

13 중국, 러시아, 일본과의 관계 … 97
14 한·중·미 외교 … 105
15 산업정책과 관세전쟁 … 112
16 농업과 양곡법 … 132
17 정부 효율과 공무원 … 139

4장 _ 코스피 5000

18 '코리아 디스카운트' … 154
19 이사의 주주충실 의무 / '상법 개정' … 162
20 배당성향과 배당 과세 … 168
21 금리정책과 한국은행 독립 … 180
22 가상자산 … 184

5장 _ 정치

23 '이재명의 정치' … 190
24 K-이니셔티브 / '민주주의 회복력' … 195
25 한국의 엘리트 … 200
26 단죄와 통합 … 204
27 검찰 개혁 … 216
28 '우클릭'에 대하여 … 220
29 이재명이 국민에게 … 229

이 책에 대하여

책의 뿌리는 〈데일리브리프〉가 2025년 4월 18일부터 6월 4일까지 출고한 31편의 기사입니다. '이재명 생각'이란 타이틀로 12편, '이재명의 경제 현안'으로 19편이 나갔습니다. 지금도 〈데일리브리프〉에 가면 볼 수 있습니다.

책으로 엮으면서 일부 추가하고, 일부 덜어냈습니다. 순서도 바꿨습니다.

'읽기 편한 책'을 만들고 싶었고, 모든 기사를 한 데 펼쳐놓고 '헤쳐모여' 방식으로 재분류했습니다. 그 결과 '경제 현실, 민생, 정부, 코스피 5000, 정치' 등 5개의 장으로 거듭났습니다.

각 장의 관계는 유기적이면서 독립적입니다. 엮은이의 의도를 좇아 처음부터 읽으셔도 되지만, 눈이 가는 곳부터 펼쳐도 좋고, 관심 있는 곳만 쏙 뽑아 읽어도 무방합니다.

〈데일리브리프〉가 시리즈를 시작할 무렵 대한민국은 내란의 잔불이 채 진화되지 않아 어지러웠습니다. 정치·사회 혼란과 급전직하 추락하는 경제로 국민 고통이 컸습니다. 원/달러 환율은 급등하고, 문 닫는 자영업자가 속출하고. 한국은행은 급기야 마이너스 성장을 예고했습니다.

경제 회복이 무엇보다 급하던 그때 대통령을 뽑는 레이스가 시작됐고, 맨 앞에 이재명 후보가 달리고 있었습니다.

〈데일리브리프〉의 '이재명 기획'은 차기 대통령의 현실 인식과 정치·경제·사회관을 살피기 위한 것이었습니다.

이재명은 어떤 사람일까?
국가와 국민에 대해 어떤 생각을 갖고 있을까?
그가 생각하는 경제 현안은 어떤 것들이며, 어떤 해결 방안을 갖고 있을까?

『이재명의 실용경제』에는 데일리브리프가 핀셋으로 하나하나 모은 이 질문에 대한 답이 담겨 있습니다. 이재명 대통령 후보가 이런저런 인터뷰(또는 대담) 자리에서 한국 경제에 대해 한 말을 기자 둘이 조목조목 찾아내어 테마별로 분류하여 정리했습니다.

그런 점에서 책 저자는 '이재명'이 맞겠으나 문답을 통해 그의 생각을 끌어내 주신 김용옥, 유시민(이상 알릴레오 대담), 김동환, 이진우, 정영진(삼프로TV 대담), 최태원, 류진, 손경식, 윤진식, 최진식(경제5단체 간담회), 이소영, 이효석, 전인구, 이대호, 채상욱(경제 유튜버 경제 토크), 정성호('40년 지기 내가 본 이재명' 인터뷰) 등에게 이 자리를 빌려 감사 말씀 드립니다.

다음은 이 책 사용법인데요, 문답으로 풀었습니다.

- 이재명 후보의 말을 기초로 했다는데 언제 어디서 한 말인가?

다음 6개의 인터뷰(또는 대담)입니다. 삼프로TV 대담(2025년 2월 25일), 알릴레오 특집 대담(2025년 4월 15일), 경제5단체 간담회(2025년 5월 8일), 경제 유튜버들과의 경제 토크(2025년 5월 12일), 서초·강남구 유세 연설(2025년 5월 29일), 삼프로TV 대선후보 특집 '40년 지기 내가 본 이재명을 소개합니다'(2025년 6월 1일)

- 각 인터뷰(또는 대담) 당시 이재명은 어떤 일을 하고 있었나? 당시 직책은?

대선 출마 선언과 당 대표직 사임이 4월 9일, 민주당 대선 후보 선출 4월 27일, 대통령 취임 6월 4일 등의 일정과 위 인터뷰(또는 대담) 일정을 맞춰보면 답이 나오는데요. 삼프로TV 대담 때는 민주당 대표, 알릴레오 특집 대담 당시는 국회의원(대표 사직~대선 후보 선출), 경제5단체 간담회 이후는 대선 후보 신분입니다.

참고로 이 책에선 이재명 대통령을 호칭 없이 이름으로 표기하는데요, 독자 여러분께서 읽기 편하도록 일부 인터뷰(또는 대담)에서는 당시 직책을 그대로 살려 표기했음을 미리 알려드립니다.

끝으로 제목에 대해 말씀드리겠습니다.

저희는 책 제목과 관련 몇 개의 대안을 놓고 최종 원고를 넘길 때까지 고민했습니다.

기사 시리즈 타이틀인 '이재명 생각, 이재명 경제 현안'과 함께 '코스피 5000을 향한 이재명의 경제'도 끝까지 남은 후보였습니다.

그러나 국가 경제를 바라보는 이재명의 시각과 철학이 '실용'이란 점에서 『이재명의 실용경제』가 여러분과 만나게 됐습니다.

책을 읽다 보면 알겠지만, 아니 그가 취임 후 행보에서 몸으로 보여주듯 경제는 물론 정치, 외교 등 국정 전반에 걸쳐 이재명의 '슬기로운 대통령 생활'은 실용으로 시작해 실용으로 귀착된다는 게 저희 생각입니다.

데일리브리프 편집대표

박종인

※ '이재명, 삼프로TV 대담'(2025년 2월 25일), 사람사는세상 노무현재단의 '알릴레오' 특집 대담(2025년 4월 15일), '이재명 더불어민주당 대선 후보 초청 경제5단체 간담회'(2025년 5월 8일), '경제 유튜버들과 휴면개미 이재명의 경제 토크'(2025년 5월 12일), 이재명 대선 후보의 서울 서초·강남구 유세 연설(2025년 5월 29일), 삼프로TV 대선특집 '40년 지기 내가 본 이재명을 소개합니다'(2025년 6월 1일) 등을 토대로 〈데일리브리프〉가 보충 취재하여 재구성한 내용입니다.

1장

경제 현실

1
현 경제 상황 인식

정치 불안정이 경제 문제의 원인
첨단기술·재생에너지 산업에 투자 집중해야

이재명은 현재 한국 경제를 바람 앞의 촛불, 태풍 앞의 배에 비교했다. 거센 파도가 몰려오는데 선장이 없는 상황, 어디로 가야 할지 모르는데 지도도 없는 절망적인 상태라고 했다.

"경제가 가장 싫어하는 게 불확실하고 불안정한 거잖아요. 그런데 지금 우리 정치와 경제는 매우 불안정해서 한 치 앞도 예측이 안 되는 상황입니다."

지난 12·3 계엄으로 촉발된 정치 공백이 장기화되면서 정치와 사회는 물론 경제에까지 심각한 영향을 미치고 있다는 설명이다. 시내 곳곳에 문 닫은 상가가 즐비하고, 소비가 실종된 상태, 성장률이 1%대로 떨어졌는데, 이제 곧 0%다. 그냥 두면 마이너스로 갈 수 있는 상황이라고 진단했다.

이재명은 "정부 정책이 경제에 미치는 영향이 큰데, 계엄 이후 경제·산업정책 모두 사실상 부재 상태"라며 "태풍이 몰려오는데 선장은 없고 선원들끼리 갈팡질팡하는 모습"이라고 비유했다.

그렇다면 경제를 해결하기 위해 정부는 무엇을 해야 할까?

이재명의 답은 정부가 직접 팔 걷고 나서서 소비와 투자를 진작해야 한다는 것이다. 첨단기술과 재생에너지 등에 대한 투자를 늘려야 한다고 했다.

"당신이 지금 산업정책의 키를 잡고 있다면 무엇을 하겠느냐, 아이디어가 있느냐"는 질문에 이재명은 인공지능(AI)과 풍력·태양광 등의 재생에너지, 전기 저장장치와 송·배전망 등에 대한 투자가 시급하다고 답변했다.

다음은 이재명과 삼프로TV 진행자(김동환·이진우·정영진 대표)의 '현 경제 상황'에 대한 대화 내용이다.

사회자 경제가 어려운 상황입니다, 심각하죠. 자영업자들도 너무 힘드시고, 뭐 소비는 거의 망가졌고요. 웬만한 상권, (심지어) 강남역 포함해서 홍대 이런 곳도 1층에 빈 상가가 많습니다. 임대 내놓았는데

비어 있는 곳이…….

이재명 문 닫은 상가들이 너무 많죠.

사회자 먼저 현 경제 상황에 대해 어떻게 인식하고 계신지 잠깐 말씀해 주시죠.

이재명 경제 문제라는 게 (따지고 보면) 경제만의 문제는 아니거든요. 정치가 경제를 규정하는 것도 있고, 사회와 문화, 또는 사회 분위기 이런 것도 경제에 엄청난 영향을 미치는데요.

일단 정치적 측면에서 상당한 위기 국면이고요. 경제는 불안정을 싫어하잖아요. (상황이) 좀 나빠도 예측이 가능하다면 대응이 가능할 텐데, 지금은 (정치는 물론 경제도) 매우 불안정해서 예측이 안 돼요. 이런 (불안정한 상황이) 투자를 못하게 막는 원인인데요.

하여튼 정치적으로 매우 불안정하고, 또 하나 (경제의 발목을 잡는 건) 사회 전체가 극단주의라고 할까, 매우 위험한 상황이죠. 경제 성장률이 1%대로 떨어졌는데, 이제 곧 0%대. 그냥 두면 아마 마이너스로 갈 수 있는 상황인 것 같아요.

두 번째는 우리 산업 전반에 '대한민국 경제가 살아 있다', '저 영역이 비전이 있다' 이런 영역이 별로 없어요.

정부 정책이 경제에 미치는 영향이 매우 크지 않습니까? 그런 측면에서 보면 '정부 정책이 없다', '정부의 산업정책, 경제정책이 사실상 부재 상태다' 이게 또 문제입니다. 태풍은 센데 선장은 없고, 그냥 선원들끼리 갈팡질팡하는 느낌.

사회자 외부 환경이 굉장히 녹록지 않죠. 트럼프 정부가 출범한 지 한두 달 됐습니다만.

이재명 파도도 높은데 태풍이 몰려오는 거죠. 그런데 선장은 없고 해도(海圖)도 없고, 어디로 가야 될지도 모르겠고, 지금 그런 상황인 거죠.

사회자 혹시 지금 키를 잡고 계시다면, '산업정책은 이런 걸 해야 되는데' 하고 떠오르는 아이디어가 어떤 게 있으신지요.

이재명 대체적으로 얘기하면, 일단 인공지능(AI) 중심의 소위 디지털 전환 영역. 첨단기술 산업에 집중해야 할 거고요. 두 번째로 관심 있는 부분이 화석연료 수입을 대체하는 측면에서 재생에너지 산업이 상당히 비전이 있다, 전 세계가 기후위기 때문에 에너지 전환을 해야 되잖아요. 그래서 이 부분에 대한 집중적인 투자가 필요하다, (생각합니다).

사회자 풍력과 태양광 이런 거 말씀이지요?

이재명 네, 풍력과 태양광, 예를 들면 전기저장장치 또는 송·배전망 이런 거죠.

사회자 하여튼 우리나라 경제에 대해서 불확실성이 지금 너무 커져 있는 상태고, 성장성은 많이 훼손됐고, 뭔가를 해야 될 정치는 실종돼 있다, 이런 말씀인 거 같습니다.

2
국민의 요구

많은 것 망가졌지만 희망 있다
'소프트 파워'가 한국인의 저력

"우리 사회의 많은 것이 망가졌지만 우리 국민은 위대합니다. 앞으로는 국민이 원하는 게 이뤄지는 국민의 시대가 될 것이라고 낙관합니다."

12·3 비상계엄 이후 한국 사회가 어떤 모습으로, 또 어느 방향으로 가야 하는지를 묻는 유시민의 질문에 대한 이재명의 답이다. 이재명은 "아직도 내란이 진행 중"이라면서 이렇게 말한다.

"너무 많은 것이 망가졌죠. 경제 시스템도 망가졌고요. 민주주의라고 하는 기본적인 통치 시스템, 또는 질서도 망가졌고. 법 질서의 최고 규범이라고 하는 헌법을 지켜야 될 최고 공직자가 대놓고 파괴를 하고 있잖아요."

이재명은 "그러나 희망은 있다. 결국은 (우리 국민이) 이겨낼 것"이라며 "다만 우리의 대응 정도에 따라서 치러야 할 대가, 기간, 훼손의 정도는 다를 수 있다"고 진단했다.

그는 최근 넷플릭스 드라마 '폭싹 속았수다'를 보고 많이 울었다면서, 희망의 근거로 한국인의 '소프트 파워'를 거론했다. 사람이 한번 크게 당하면 열패감과 공포에 휩싸여 포기하기 마련인데, 우리 국민은 다시 도전해 저항과 반역을 뚫고 제자리를 찾아간다는 것이다.

이재명은 "우리 국민은 준비가 돼 있다"면서 한국이 세계를 주도하는 시대를 만들어 낼 것이라고 확신했다. 그가 대통령선거에 나서면서 화두로 던진 'K-이니셔티브'도 같은 맥락이라고 했다. 공감과 문화의 힘이라는 것이다.

향후 대한민국에 대해서도 "새로운 길도 찾아야 하고, 경제 개혁도 해야 한다"며 "문화 콘텐츠가 우리의 큰 장점"이라고 밝혔다. "우리가 무력이나 부(富)로 세계를 제패할 수는 없지만, 소프트 파워라고 하는 문화 영역에서의 힘이 있다"고 강조했다. 또 우리 국민이 (12·3 계엄 사태를) 이겨낸 걸 보고 전 세계가 "어떻게 저러지, 저런 나라도 있네"라며 놀랐을 것이라고도 했다.

다음은 이재명과 유시민 작가, 도올 김용옥 한신대 석좌교수 3인이 나눈 '국민의 요구'와 관련된 대화 내용이다.

유시민 윤석열 전 대통령과 그 정권 담당자들이 했던 모든 행위는 우리 국민들이 요구하는 바와 달랐기 때문에 파면된 거잖아요. 그런데 미래를 낙관적으로 보신다는 것은, 결국 국민이 원하는 것이 이뤄지는 시대로 들어갈 것이다(라는 말씀이신지).

이재명 결국은…… 그렇게 될 것입니다.

유시민 우리나라가 지금 어떤 모습으로, 어디로 가야 된다고 생각하면서 대선을 준비하고 계신지 말씀해 주시면 좋겠어요.

이재명 너무 많은 것이 망가졌죠. 경제 시스템도 망가졌고요. 민주주의라고 하는 기본적인 통치 시스템, 또는 질서도 망가졌고. 세상에 법질서의 최고 규범이라고 하는 헌법을, 그걸 지켜야 될 공직자의 최고 책임 공직자가 대놓고 어길 뿐만 아니라 아예 파괴를 하고 있잖아요. 여전히 이 내란 사태는 계속 중인 거죠.

유시민 아직 병이 완전히 나은 게 아닌 거죠?

이재명 표면에 있는 고름은 이제 제거됐는데, 그 밑에 든든하게 버티고 있는 거죠. 아직까지. 이걸 제거하는 과정인데, 여전히 고통스럽죠. 그리고 재발 위험성도 매우 크고요. 지금 극렬하게 저항하지 않습니까? 안 보이지만 엄청난 저항이 있는 거예요.

결국은 이겨낼 텐데, 저는 우리 국민이 그런(이겨낼) 힘이 있다고 봐요. 다만 우리의 대응 정도에 따라서 치러야 할 대가, 그 기간, 또 훼손의 정도가 다를 거다.

그런데 저는 희망적으로 보는 것이, 정말 우리 국민들은 위대하다는 생각을 자주 해요. 경험도 했고. 보통은 이렇게 한 번 당하면 열패감이 생겨서 후퇴하거든요. 공포 (때문에) 포기하죠. 그런데 우리는 도전하잖아요.

저는 남태령이라고 하는 아주 상징적인 공간, 그 시간을 보면서 떠오른 게, 트랙터 왔던 날 밤. 그날 밤에 우금치 고개 생각이 나더라고요. 제가 표현도 그렇게 했지만, 결국 동학군은 (고개를) 못 넘었지만 현재 우리 국민들은 그 저항을 뚫고, 그 반역을 뚫고 제자리에 갈 거다. 그리고 그런 준비도 돼 있고요.

그런데 이게 지금은 완전히 망가진 건 아니어서, 사실 경제개혁을 해야 되거든요. 또 새로운 길도 찾아야 되고. 저는 그중에서도 문화콘텐츠 영역이 우리의 정말 큰 장점이라고 봐요.

유시민 (출마 선언 동영상에서) 'K-이니셔티브' 그러니까 '한국이 주도한다'는 뜻인데, 그걸 약간 광고 카피처럼 쓰셨던데…….

이재명 예를 들면 우리가 기술이라든지 산업, 이런 것들로 세계를 제패할 수는 없는데, 저는 그래서 김구 선생이 정말 위대한 사람이라는 생각이 드는 거예요. 그 어려운 시절에 대한민국이라고 하는, 어찌 보면 (작은 나라) 소국이잖아요. 이 소국이 가야 할 길을, 우리가 무력이나 부(富), 이런 것들로 세상을 제패하진 못하겠지만, 우리를 지킬 정도만 된다면 그 다음은 문화로 세계를 이끌어 갈 수 있다(고 말씀하신 건데). 그 먹고 살기도 어려운 시절에 말이죠.

요즘 유행하는 말로 '소프트 파워'를 강조한 거죠. 우리가 '경성(硬性, 단단한) 파워'를 내지는 못하지만 (소프트 파워, '연성 파워'는 갖고 있다는 겁니다). 제가 '폭싹 속았수다'를 보고 엄청 많이 울었는데요, 정말 아무리 참으려고 해도 공감에서 벗어날 수가 없더라고요.

유시민 보편적인 감정이죠, 인간에게.

이재명 너무 잘 만든 거예요. 이런 게 바로 우리 문화의 힘인데, 우리가 그런 영역의 것들이 많아요. 그중 하나가, 지금 전 세계가 민주주의의 위기를 겪고 있잖아요. 기본적인 사회 질서가 파괴될 (정도의) 불안감을 갖고 있는 거예요. 그걸 파괴하려는 세력들도 있고요. 지금 우리가 겪은 것처럼. 그런데 이걸 우리가 이겨냈잖아요. 전 세계가 '저런 나라가 다 있어? 저게 가능해?' (이렇게 생각하지 않을까요).

저는 그래서 'K-민주주의' 이것도 그냥 하나의 사건이 아니고요, '이런 게 가능한 거야?'라는 걸 전 세계에 보여준 것 같고요. 아마 전 세계에서 대한민국의 사례를 모델로 찾을 것 같습니다.

유시민 권력자의 친위 쿠데타를 어떻게 이겨내는가?

이재명 그렇죠. 그것도 무혈로, 평화롭게. 저는 (이 모든 게) 위대한 역사의 일부라고 봐요.

2장

민생

3
'최소 생존'에 대하여

국민 경제의 본질은 먹고사는 것
최우선으로 내수 먼저 살려야

이재명이 생각하는 국민 경제의 본질은 "먹고사는 것"이다. 그의 말을 빌리면 한마디로 '등 따시고 배 부른 것'이다.

물론 그 기준(기대 수준)은 국민마다 서로 다를 수 있다. 그렇지만 (모든 국민의) 최소 생존은 보장돼야 한다는 게 이재명의 신념이다. "지금 우리 경제는 그 최소 생존이 위협받고 있다"면서 국가가 나서서 이를 해결해야 한다고 그는 말한다.

우리 경제는 왜 최소 생존마저 보장되지 않은 정도로 나빠진 것일까? 원래 그랬던 걸까? 그렇지 않다면 언제부터, 왜 나빠진 것일까? 이에 대한 이재명의 진단을 요약하면 다음과 같다.

'지금 요식업을 비롯한 모든 자영업이 굉장히 힘들다. 2024년 12월 3일 (비상계엄 선포) 이후 소비가 크게 줄어든 탓이다. (경제의) 여력이 줄어든 게 아니라 (경제) 심리가 위축됐다. 먼저 소비심리를 복원해야 한다. 이를 위해 정부가 나서야 한다. 정부는 경제주체 (가계, 기업, 정부)의 생산과 소비를 조율하는 역할을 해야 한다. 경기가 과열되면 살짝 눌러주고, 경기가 침체되면 받쳐줘야 한다. 지금 정부는 이걸 제대로 못해 성장률을 떨어뜨리고 있다. 정부가 손을 떼는 바람에 정부 지출이 줄어들었다. 정부가 제 역할을 안 하는 바람에 성장이 잠재성장률 밑으로 떨어진 것이다. 성장이 줄다 보니 세수도 줄고, 세수가 줄어드니까 다시 성장이 떨어지고, 이런 바보짓을 하고 있다. 이걸 교정해서 정부 역할만 잘해도 우리 경제는 상당히 개선될 것이다.'

이재명은 이런 인식을 토대로, 대통령이 가장 먼저 해결해야 할 경제 문제로 '내수경제 활성화'를 꼽았다.

구체적인 내수 활성화 방안에 대해서는 "정부 지출을 늘려 시장 조정 역할을 하겠다"는 것이다. 그는 "지금 시장은 자유가 아니라 방치돼 있다"면서 "정부가 시장에 들어가서 소비심리를 복원해야 한다"고 했다.

이어 "정부가 지출을 줄이니까 성장률이 떨어지고, 세수가 줄어드는 것"이라면서 "이것만 교정해도 내수경제는 상당히 개선될 것"이라고 강조했다.

그는 경제 문제는 원인을 잘 파악하면 그 안에서 해결 방법을 찾을 수 있다고 말한다.

"대책은 원인에 있습니다. 대외 여건은 우리 마음대로 할 수 없지만, 내수는 상당한 여지가 있습니다. 가장 먼저 그것부터 해야 합니다."

그러면서 성남시장 재임 당시 전통시장을 활성화했던 경험을 이야기했다. 그는 "당시 금호시장의 3분의 1이 비어 있는 등 골목상권이 다 망해가고 있었는데, 그 시장이 지금은 다 살아났다"면서 "지출을 조금 늘리고, 사람들의 소비심리를 개선하는 정도만으로도 지역에서 지출이 회전하면서 성과가 났다"고 밝혔다.

이재명이 경제를 말할 때 사용하는 '먹사니즘'과 '잘사니즘'도 같은 맥락이다. '먹고 사는 것'에 이념·주의(主義)를 뜻하는 접미사 '니즘(-ism)'을 붙인 말이다.

그는 "먹사니즘이 최소 생존에 관한 것이라면 잘사니즘은 가치와 정신에 관한 것"이라면서 "먹사니즘은 기능적·물질적이고, 잘사니즘은 그보다 단계를 높인 행복한 삶, 물질적인 것보다는 정신적인 것으로 승화된 것"이라고 설명했다.

다음은 이재명, 유시민, 김용옥 3인이 나눈 '최소 생존'에 대한 대화 내용이다.

유시민　이런 건 그렇다 치더라도 지금 우리 국민들은 제일 고통스러운 게 경제 문제예요. 그럼 지금 무엇부터 어떻게 해야 할까요? 이거 지금 어느 정도 심각하다고 보세요?

이재명　일단 사람들의 삶이라고 하는 게, 정말 먹고 사는 게 중요하잖아요. 일상적으로 쓰는 말로 '등 따시고 배부른 게 최고' 아닙니까? 물론 그 수준은 좀 다를 수 있죠. 그런데 지금은 최소의 생존이 위협받는 시기가 됐어요.

그게 우리 사회의 총량이 부족해서 그러냐? 부의 총량, 기회의 총량이 부족하냐? 사실 과거 어느 때보다도 많은 시기잖아요. 결국은 편중된 거죠.

유시민　구체적으로 여쭤볼게요. 제가 진단하기로는 지금 우리 경제가 나쁜 이유가, 우선 수출이 엄청 안 좋아요. 2024년에 무역 흑자 났다고 하지만 수입이 줄어서 흑자가 난 거고, 수입이 줄면 그다음 시기에 수출이 또 더 줄어요. 이거 하나 있고요.

두 번째는 내수가 부진합니다. 지금 35개월 이상 계속 내수가 마이너스거든요. 세 번째는 부자 감세를 해서, 세수 결손도 나고 재정

적자가 100조 원이 늘어났습니다.

이 세 가지가 제일 큰 문제인데, 우선 수출 안 되는 건 정부가 마음대로 할 수 있는 건 아니지만 외교하고 관계가 있는 것 같고요. 두 번째 내수가 안 좋은 건 불경기인데 정부 지출이 줄어드니까 더 그런 것 같고, 세 번째는 정부 지출이 줄어든 이유가 부자 감세 때문에 불경기를 더 악화시키는 문제. 이렇게 세 개 있는 것 같아요.

이재명 맞습니다.

유시민 그러면 우선 무엇부터 제일 먼저 손댈 수 있을까요?

이재명 대책은 원인에서 그냥 나오는 거죠. 이 중에서 대외 여건은 우리 마음대로 쉽게 고쳐지지 않아요. 그러니까 국제 질서가 지금 통째로 바뀌고 있기 때문에, 그걸 우리 힘으로 바꿔서 갑자기 경제 영토를 늘리거나 대외 여건을 개선하는 게 쉽지는 않습니다.

큰 문제와 작은 문제가 있을 때, 작은 문제가 많이 쌓이면 큰 문제가 되는 거예요. 그게 내수 문제입니다. 내수는 지금 상태에서 상당한 정도 교정할 여력이 있어요. 그런데 안 하는 거죠. 되게 위험한 게 그런 거잖아요, 책 한 권 보면 제일 위험하다고.

유시민 책 한 권 읽은 사람이 제일 위험하다. 아예 안 읽은 사람보다. 윤석열 전 대통령이 밀턴 프리드먼의 『선택할 자유』 그거 한 권밖에 안 읽었잖아요.

이재명 자유와 방치를 구별해야 되잖아요. 그런데 실제로 시장이 방치돼 있어요. 정부가 완전히 손을 떼 버렸습니다. 마치 그게 진리인 것처럼. 그런데 시장과 분리된 정부, 정부와 분리된 시장은 없는 거예요. 어쨌든 내수 문제는 지금 상당한 여력이 있어요.

유시민 즉각적으로 할 수 있는 수단들이 있다는 말이고, 제일 먼저 그것부터 하시겠다?

이재명 그것부터 해야죠.

유시민 그러면 지금 자영업이 요식업부터 시작해서 여행 관련 각종 업종들, 이런 데가 모두 굉장히 힘들거든요.

이재명 사실은 2024년 12월 3일 이후부터 갑자기 엄청나게 소비가 줄어들었어요. 여력이 줄어든 것도 있는데, 심리적으로 너무 위축된 겁니다. 일단 이걸 복원해야 되고요. 두 번째는 정부가 역할을 해야죠. 정부 역할은 원래 아주 기본적인 건데, 이게 고등학교 교과서에 나온 얘기거든요. 기업, 가계, 정부가 각각 생산, 소비, 조정을 한다. 이 역할이 있는데 조정을 하는 정부가 경기가 과열되면 살짝 눌러주고 경기가 침체되면 받쳐주고 해야 되는데, 받쳐주는 걸 안 해요. 이게 지금 성장률을 떨어뜨리고 있습니다.

정부가 손을 떼 버리니까 정부 지출이 줄어든 데다가, 해야 할 역할을 안 하니까 잠재성장률보다 성장률이 더 떨어지는 거예요. 그러니까 세수가 더 줄어요. 더 줄어드니까 더 떨어져요. 이런 바보짓을 하고 있는 거죠. 이걸 교정만 해줘도 상당히 개선될 겁니다.

김용옥 성남에서 행정을 하시면서 그런 걸 많이 하셨잖아요.

유시민 자잘한 거 많이 있죠. 그런데 중앙정부 운영은 성남시와는 볼륨이

다르잖아요.

이재명 그런데 결과는 비슷합니다. 예를 들면 성남의 골목 상권들이 다 망해가고 있었거든요. 보증금도 없고, 권리금도 사라지고, 금호시장 3분의 1이 비어 있었는데요. 그 재래시장이 거의 다 살아났어요. 큰돈 안 들이고요. 예를 들면 지출을 조금 늘리고, 교육하고, 사람들의 심리를 개선하는 정도.

유시민 그렇게 하면서 빚도 다 갚았잖아요.

이재명 빚도 갚고, 그건 재정이 좋아져서 그런 측면도 있는데, (결국) 사람들이 행복해하고 지출이 그 동네에서 좀 회전이 되니까, 작은 돈으로 성과가 나는 거죠.

김용옥 저는 조순(전 한국은행 총재) 선생과 상당히 친하게 지냈는데, 선생님에게 경제라는 것을 잘 모르겠다고, 경제학 공부를 좀 제대로 해야겠다고 말하면 그분이 항상 하는 말이 "경제라는 건 사람들이 영어의 '이코노미(economy)'로 생각하는데, 경제는 '경세제민'이야. 나라를 제대로 바른 위치에 세우고 백성들을 삶의 도탄에서 구해주면 그게 바로 경제야"라고 항상 말씀하셨던 게 기억이 나요. 그러니까 그야말로 경제 문제라는 건 정치적인 정의감을 가지고 있고, 진보적인 생각을 가진 사람이 리더십을 장악하면 반드시 잘 되게 돼 있는 거죠.

우리나라의 고질적인 편견이랄까? 진보 세력이라고 하는 사람들의 부족함도 물론 있겠지만, "우파라야 경제가 흥한다".

유시민 "경제는 보수가 잘해" 이런 거.

이재명 그거 가짜 전설입니다.

김용옥 그게 '진짜 가짜'거든요. 정말 머리를 합리적으로, 정의롭게 쓰는 사람들이 리더십을 장악할 때 반드시 국민들의 부가 증가합니다. 공자도 그랬잖아요. 적은 것을 걱정하는 게 아니라 고르지 못한 것을 걱정하는 것이다. 그리고 정치라는 건, 다른 게 아니고 그냥 바르게 하면 되는 것이다.

그 '바르다'는 말 자체가 아주 깊은 내용이 있겠지만, 그런 것을 두고 볼 때 이념의 시대는 지나갔다. 왜냐하면 이념이라는 건 머리 쓰지 못하는 놈들이 이념을 말하는 거거든요. '누구 빨갱이다' 그러면 그냥 그걸로 내용은 아무것도 없어요. 그러니까 그런 이념을 이야기하는 사람들 머리에서 경제가 제대로 될 수가 없죠.

이재명 선생님, 저도 이념 이런 거 좋아해서요……(웃음)

유시민 '먹사니즘'을 끌고 나오셨어요. 그런데 먹사니즘은 개념이 좀 좁지 않나요?

이재명 기능적이고 물질적인 것이라고 우리가 정의했는데요.

유시민 약간 물신숭배 같은 느낌?

이재명 그래서 '잘사니즘'으로 바꿨습니다.

유시민 그런데 잘사니즘은 먹사니즘보다는 범위가 넓은 것 같아요. 정확히 어떤 의미를 담았는지는 모르겠지만, 먹사니즘이 그냥 아주 기본적인 걸 얘기하는 거라면 잘사니즘은 보통 우리가 인문적이라고 말하는, 그런 가치가 좀 들어가 있는……

이재명 제가 그래서 구분을 했는데요. 먹사니즘은 최소 생존에 관한 거예요. 기본 생존. 그래서 기능적이고 물질적인 거죠. 그런데 잘사니즘은 좀 단계를 높여서, 가치와 정신이 중요하죠. 행복한 삶. 물질적인 것보다는 정신적인 것으로 승화된 거라고 할 수 있어요.

4
소비 진작 / '추경'에 대하여

자영업자 등 온 국민 역대급 힘든 상황
재정 투입해 경제부터 살려야

"지금 경제가 어려우니 '허리띠 졸라매자'고 하는 사람들이 있는데요, 허리띠 졸라매다 사람 죽습니다. 먼저 재정을 투입해서 정부가 (경기 활성화를 위한) 마중물 역할을 해야 합니다."

이재명은 안 그래도 경제가 어려운데 12·3 계엄선포 이후 민생경제가 최악으로 망가졌다며 이렇게 말했다. 이어 "그동안 윤석열 정부가 '건전 재정'을 내세우면서 '돈 안 쓰기' 작전을 펴는 바람에 경제가 망가졌다"고 강조했다.

시장이 실패하면 정부가 재정을 통해 시장을 떠받치는 역할을 해야 하는데 지난 3년간 정부는 맹목적인 균형재정론에 사로잡혀 민생 경제에 대해서는 손 놓고 있었다는 것이다.

이재명은 대통령선거가 끝난 뒤 2차 추가경정예산(추경)이 필요하다고 했다. 2025년 5월 1일 국회 본회의를 통과한 13조 8,000억 원 규모의 1차 추경으로는 지금의 민생 파탄을 되돌리기 힘들기 때문이다.

1차 추경의 주요 내용은 '산불 피해 복구 및 재해·재난 대응, 민생경제 활성화, 인공지능(AI) 등 첨단전략산업 지원' 등인데, 계엄 정국이 장기화되면서 자영업자 중심의 경기침체가 심화돼 2차 추경이 불가피하다는 주장이다.

더불어민주당 진성준 의원은 최근 이재명의 '10대 공약'을 발표하면서 "2차 추경은 민생 회복과 소비 진작을 중심으로 20조 원 정도는 돼야 한다"고 밝혔다.

외국계 리서치센터의 전망도 비슷하다. 노무라 그룹의 아시아 수석이코노미스트 로버트 슈바라만 박사는 2025년 5월 22일 세계경제연구원이 주최한 세미나에서 대선 이후 최대 25조 원의 2차 추경을 전망했다.

슈바라만 박사는 "2025년 1분기에 한국경제가 -0.2%의 마이너스 성장을 기록한 건 '건설 경기의 구조적 침체, 비상계엄 여파로 인한 정치적 혼란, 산불 등으로 인한 소비 약화, 자동차 등 주요 품목을 중심으로 한 수출 둔화' 등 전방위적인 경제활동 약화에 따른 것"이라고 진단하고 "새 정부가 출범하면 20~25조 원 상당의 2차 추경을 통해 강력한 경기 부양에 나설 것"이라고 예상했다.

이재명 역시 삼프로TV 대담에서 "지금 골목 상권이 거의 질식 직전"이라며 전 국민에게 25만 원을 일괄 지급하는 '민생회복지원금'이 필요하다고 주장했다. 그는 "골목에서 돈이 돌면 승수효과로 인해 지역 상권이 활성화될 것"이라며 이같이 말했다. 다만 국민의힘 등 야당의 반대가 심하면 정책을 수정하고 타협할 수도 있다고 덧붙였다.

그는 "(민생지원금은) 적은 돈으로 소비 활성화와 내수 진작에 효과가 크다는 연구 결과가 있다. 소득 지원이 아니라 소비 진작을 위한 일종의 '소비쿠폰'으로 생각하면 좋은데, 반대가 심하면 다른 형태의 정책도 가능하다고 생각한다"고 밝혔다.

―

다음은 이재명과 삼프로TV 진행자의 '소비 진작, 추경'에 대한 대화내용이다.

사회자 지금 내수가 생각보다 훨씬 어렵고요. 중소기업, 특히 자영업자들은 1997년 IMF(국제통화기금) 외환위기 때보다 더 힘들다고 얘기합니다.

이재명 경제라고 하는 게 기업, 가계, 정부 등 세 주체가 각각 생산과 소비,

재정을 담당하고 있잖아요. 그래서 가계와 기업이 "경기과열이다"라고 하면 정부가 나서서 과열을 식혀 줘야 하고, 반대로 가계, 기업 영역에서 "경기침체가 심각하다"고 하면 정부가 부추을 해줘야 해요. 고등학교 교과서에 나오는 얘기잖아요.

지금과 같은 불경기에 "허리띠 졸라매자"고 하면, 허리띠 졸라매다가 사람 죽어요. 이럴 때 국가가 재정을 투입해서 SOC(사회간접자본) 투자를 한다든지, 교육·소비 지원을 통해서 (경기 활성화를 위한) 마중물을 만들어 줘야 하는 거잖아요.

그런데 윤석열 정부에서는 경기가 침체되니까 '건전 재정' 노래를 부르면서 '돈 안 쓰기' 작전을 한 거예요. 필요한 최소한의 투자도 하지 않았어요. 성장률이 잠재성장률 이하로 떨어질 때 그 간극을 재정으로 메워 주면 경제가 덜 망가지잖아요. 이것조차도 안 했어요. 결국 정부가 재정을 통해서 경기를 살리거나 유지라도 해야 되는데, 정부가 제 역할을 안 해서 경제가 나빠졌습니다.

그러니까 한국은행까지 나서서 추경을 해야 한다고 하잖아요. 한국은행은 원래 실물경제에 관여하지 않는 조직이에요. 한국은행은 금리와 물가를 관리하는 곳이지 생산이나 투자, 재정을 이야기하면 안 되는데, 오죽하면 그러겠느냐고요. 정부의 맹목적인 균형재정론 때문에 경기가 더 악화됐습니다.

사회자 그러면 추경을 통해서 주로 어느 분야에 예산을 쓰실 생각이세요?

이재명 소비 진작, R&D(연구개발) 지원, 또 첨단 산업 지원에 쓰자는 입장입니다.

지금 골목 상권이 완전히 죽었잖아요. 거의 질식 직전이거든요. 물을 줘야 돼요. 아시겠지만, 주로 저소득자들이 소비 성향이 높잖아요. 골목에서 돈을 쓰면, 승수효과로 인해 그 돈이 골목에서 많이 돌게 됩니다.

사회자 민생지원금이 바로 소비로 이어진다는 말씀이시군요.

이재명 그 소비가 한 번으로 끝나지 않고 계속 돈단 말이에요. 예를 들면 식품점 주인이 물건을 많이 팔면 평소에 막걸리집에서 빌렸던 외상도 갚고, 술도 한 잔 하고 하면 또 막걸리집 주인이 치킨도 한 번 사 먹고…… 이렇게 돈이 돌잖아요. 이게 경제 원리잖아요. (민생지원금정책이) 적은 돈으로 소비 활성화와 내수 진작에 가장 효과가 크다는 연구 결과도 있어요.

이걸 개인한테 소득 지원한다고 생각하지 말고, 소비 진작을 위한 소비 쿠폰이라고 생각해 주면 좋은데 (국민의힘 쪽에서) 워낙 싫어하니까, 그러면 포기할 수 있다는 입장입니다. (전 국민에게 25만 원을) 똑같이 지급하는 게 어렵다면 차등해 지급한다든지, 다른 형태로도 할 수 있다고 생각합니다.

반대하는 쪽의 주장을 부정하지는 않아요. 어쨌든 반대를 많이 하니, 그거 (민생지원금) 안 해도 된다. 양보할 수 있다. 저희들은 민생지원금보다 더 효율적인 소비 진작책은 없다고 보지만, (굳이 반대하겠다면) 다른 정책이라도 제안을 하라는 입장입니다.

5
정년 연장과 노동시간

정년 65세로 연장 추진
노동시간 주 4.5일로 줄이고 생산성 높여야

이재명은 정년 연장과 주 4.5일제, 주 52시간 근무제 등 노동시간 정책에 대해 "장기적으로 노동시간을 줄이고 생산성을 높여 선진국 수준으로 가야 한다"고 말했다. 다만 "지금은 경제가 너무 어려우니 경제를 회복시키는 것이 중요하다"는 입장을 피력했다.

특히 노동시간 기준을 업종별, 기업별 형편에 따라 다르게 적용하는 등 정교하고 섬세한 접근이 필요하다고 강조했다.

정년 연장

"(정년은 60세인데 국민연금 수급은 63~65세에 단계 적용되는 등) 정년과 국민연금 수급 시점이 매우 불안하잖아요. (이 사이를 채워야 하는데) 이걸 기업들이 다 책임지라고 할 수는 없죠. 그렇다고 방치할 수도 없어요. 그러면 노사 양측이 모두 수용할 수 있는 범위에서 조정해야겠죠."

현재 60세인 법정 정년을 65세로 늘리는 방안에 노동계와 재계가 첨예하게 대립하고 있는 가운데 이재명은 연장의 필요성을 강조하면서도 그 방안은 양측이 협의해 만들어가야 한다며 이렇게 말했다.

그는 2025년 5월 28일 더불어민주당이 공개한 정책공약집에서 '법정 정년 65세로 연장'을 추진하기 위한 태스크포스(TF)를 꾸려 2025년 안에 입법을 추진하겠다고 밝혔다.

국민연금 수급개시 연령이 2033년부터 63세에서 65세로 늦춰지는 만큼 정년 퇴직 후 연금을 받기까지의 '소득 공백'을 막으려면 정년 연장이 불가피하다는 입장이다.

업계에서는 기업 부담이 커지고, 청년 일자리도 줄어들 수 있다는 논리로 정년 연장을 반대하고 있다.

손경식 한국경영자총협회 회장 역시 이재명과 경제5단체장의 간담회에서 "일률적인 정년 연장은 노동시장의 이중구조 심화와 청년 고용 악화에 따른 세대 갈등을 심화시킬 수 있다"고 반대 입장을 피력했다.

다만 현실적인 필요성으로 실시해야 한다면 "일률적인 연장보다는 '퇴직 후 재고용' 등 유연한 방식을 통해 고령자 일자리 문제를 해결해야 한다"고 말했다. '퇴직 후 재고용' 제도는 김문수 국민의힘 대선 후보가 주장하는 방안이기도 하다.

이에 이재명은 "정년의 기준이 일률적일 수는 없다. 각 산업, 기업마다 상황이 다를 것"이라며 "그렇다면 각 산업, 기업마다 차등을 두고, 단계적으로 적용하면 된다"고 답했다. 그러면서 "이런 사안은 누가 일방적으로 진행해서는 안 되고, 이해당사자 간 충분히 공개적이고 세부적인 대화를 거쳐야 한다"고 덧붙였다.

정부가 어느 날 갑자기, 일괄적으로 정해서 밀어붙이지 않겠다는 입장을 분명히 한 것이다.

주 4.5일 근무제

"대한민국의 시간당 노동 생산성이 다른 나라의 3분의 2밖에 안 됩니다. 그런데 노동시간이 늘어나면 생산성은 더 떨어지죠. 이론적으로는 노동시간을 줄여 가야 하는데, 막무가내로 줄일 수는 없지 않습니까? 점진적으로 바꿔 가야죠."

주 4.5일 근무제에 대해 더불어민주당이 정책공약집을 통해 공식 입장을 제시했는데 "현행 주 40시간인 법정근로시간을 주 36시간(주 4.5일)으로 줄이고, 장기적으로는 주 32시간(주 4일제)으로 가겠다"는 것이다.

이 안에 대한 반대 여론도 만만치 않다. 근무 시간이 줄면 기업 경쟁력이 약화되고, 근로자 입장에서도 임금 감소가 불가피한 만큼 모두가 원하는 건 아니라는 것이다.

손경식 회장은 "가뜩이나 노동 생산성이 경쟁국에 비해 낮고 주요 기업들의 인력 확보가 어려운 상황에서, 법정근로시간만 일률적으로 줄여 주4.5일제를 시행하는 건 기업 경쟁력을 떨어뜨리고 대기업과 중소기업 간 양극화를 심화시킨다는 우려가 있다"며 "노사 양측의 선택권을 존중해달라"고 건의했다.

이재명은 이에 대해서도 역시 '영역별 차등 적용, 단계적 도입을 통한 부작용 최소화' 등을 약속했다.

그러면서 "노동시간이 늘면 오히려 노동 생산성이 더 떨어진다"면서 "이론적으로는 노동시간을 줄여 나가야 하는데, 막무가내로 줄일 수는 없으니 제도·정책적인 준비가 갖춰진 상황에서 점진적으로 줄여야 한다"고 말했다.

주 52시간 근무제

'반도체 등 첨단 주력 업종에 대해 주 52시간 근무를 예외 적용하자'는 내용의 '반도체특별법' 제정이 국민의힘 주도로 추진됐으나 더불어민주당의 반대로 무산됐다.

그러나 일부 업종에 대해 주 52시간 근무제를 예외 적용해야 한다는 여론은 재계 등에서 꾸준히 제기되고 있는데 이에 대한 이재명의 입장은 무엇일까?

"(현행 법 체계에) 이미 '선택적 근로시간제' 같은 제도가 있습니다. (특별법을 만드는 것보다) 이 제도가 (사용자에게) 더 유리할 수 있어요. 새 제도를 만들어도 실익이 없어요. 그러니까 결국 왜 이런 불필요한 논쟁을 하고 있냐는 거죠."

반도체특별법 논의가 시작된 건 삼성전자가 고대역폭 메모리(HBM) 등에서 경쟁력을 잃었다는 지적이 나오면서부터다. 반도체 연구개발 업무 특성상 장시간 집중해야 성과가 나오는데, 주 52시간 근무제가 이를 못하게 발목 잡고 있다는 주장이다. 이에 국민의힘에서 반도체특별법 입법을 추진했지만, 노동계 반발 등을 이유로 더불어민주당이 반대하는 바람에 국회 문턱을 넘지 못했다.

이재명은 "반도체특별법과 관련 노사 양측과 공개 토론을 진행한 결과, 새로운 제도를 도입할 필요 없이 노동부가 기업 요청에 기민하게 대응하도록 하자는 데 노사 양측이 합의했다"고 밝혔다.

―

다음은 이재명과 경제5단체장의 간담회 중 '정년 연장과 노동시간'에 대한 내용이다.

손경식(한국경영자총협회 회장) 최근 IMF가 성장률 전망을 하향 조정한 것에서 알 수 있듯이 소비, 투자, 수출 등 우리 경제 상황은 매우 어렵습니다. 또한 한반도를 둘러싼 주변 국가와의 외교 현안도 뚜렷한 해법을 찾기 쉽지 않습니다. 이처럼 대내외의 불확실성이 커지는 가운데, 우리 경제의 재도약을 위해서는 기업의 혁신과 함께 이를 뒷받침하기 위한 제도적 지원이 절실합니다.

이와 관련해 몇 가지 건의드리고자 합니다. 먼저 법정 정년 연장 문제입니다. 최근 우리나라가 초고령화 사회에 접어들면서 고령층의 경제활동 참여 확대 요구가 날로 커지고 있습니다. 그러나 많은 기업이 여전히 호봉제를 운영하고 있는 현실을 고려할 때, 일률적인 정년 연장은 노동시장의 이중구조 심화는 물론 청년 고용 악화에 따른 세대 갈등까지 심화시킬 수 있습니다. 따라서 일률적인 법정 정년 연장보다는 퇴직 후 재고용 등 유연한 방식을 통해 고령자 일자리 문제를 해결해 나갈 것을 건의드립니다.

다음으로 근로시간의 유연화와 주 4.5일제 문제입니다. 일자리 형태가 다양해지면서 근로자의 요구는 변화해왔지만, 근로시간 제도는 여전히 70년 전 틀에 머물러 있습니다. 특히 우리나라는 연장 근로시간이 일주일에 12시간으로 제한돼 있어 변화하는 상황에 대응하기가 쉽지 않고, 연구개발 업무에 치중하는 첨단 산업 분야에 적용했을 때 불리한 점이 있습니다.

가뜩이나 노동 생산성이 경쟁국에 비해 낮고 주요 기업들의 인력 확보가 어려운 상황에서, 법정 근로시간만 일률적으로 줄여 주 4.5일제로 시행하자는 논의는 기업의 경쟁력을 떨어뜨리고 대기업과 중소기업 간 양극화를 심화시킨다는 우려도 있습니다. 따라서 주 4.5일제 등 법정 근로시간 단축 문제는 노동자 측과 사용자 측의 선택권을 존중하는 방향으로 고민해 주시기를 건의드립니다.

후보님께서 그동안 다양한 현안에 대해 깊이 고민해 오신 만큼, 오늘 경제단체들이 건의드린 내용에 대해서도 공약과 향후 정책 마련 시 반영해 주시기를 부탁드립니다.

이재명 사실 정년 연장 문제, 노동시간 문제에 대해 저는 이런 입장을 가지고 있습니다. 저는 여러분들이 가지고 있는 입장이 전부 충분히 타당하다고 생각해요. 그런데 노동자들이 가지고 있는 입장이 또 있지 않습니까? 그런데 어느 한쪽이 또 일방적으로 옳다고 할 수는 없어요. 다 타당하죠.

문제는 (양측의 의견을) 조정하는 겁니다. 이 조정의 역할은 당사자가 하는 게 아니에요. 당사자들끼리 조정하라고 놔두면 싸움밖에 안 나죠. 그 조정 역할을 하는 게 바로 정부의 행정이죠. 곧 정치의 역할입니다. 그래서 소통, 대화, 조정 그리고 본질적으로는 통합이라고 하는 게 매우 중요하죠.

정년 연장 문제는 장단점이 있어요. 예를 들면 손경식 회장님이 생각하시는 것처럼, 지금의 호봉 제도에서 정년이 60세인 것도 부담스러운데 65세로 올리면, 노동 생산성은 떨어지는데 보수는 더 줘야 하는 상황이 벌어지니까 실제로 문제가 되겠죠.

저는 노동자들이 이런 걸 요구한다고 생각하지는 않습니다. 이런 건 조정할 수 있다고 생각해요. 예를 들면 정년 연장이 정말로 문제되는 영역이면, 이 부분은 시정하면 되지 않습니까?

지금 정년부터 연금 수급 연령 사이가 엄청나게 불안하잖아요. 이걸 기업들이 다 책임지라고 할 수는 없죠. 그렇다고 방치할 수도 없어요. 그러면 노사 양측이 모두 수용할 수 있는 범위 내에서 조정해야죠.

그리고 (정년의 기준이) 일률적일 수는 없어요. 산업, 기업마다 상황이 다르겠죠. 그럼 차등을 둬야 하겠죠. 또 일시에 (새로운 정책을) 시작하는 게 부작용이 생길 수가 있죠. 단계적으로 하면 되죠. 주 4.5일제도 사실 똑같습니다. 정년 연장 문제도 그렇고요.

저는 이런 사안에 대해서는 아주 공개적으로, 세부적인 사안에 대한 대화를 해야 한다고 생각합니다. 누가 일방적으로 정하면 안 되고요. 한쪽이 일방적으로 밀어붙인다고 해서 거기에 따라서도 안 되고요. 충분한 대화가 필요하고요. 정말 얘기를 많이 해야 돼요.

제가 얼마 전에 반도체 업계 주 52시간제 예외 적용을 얘기했지 않습니까? 제가 노사 양쪽 얘기를 들어봤더니, (양측의 입장이) 별로 차이가 없는데 없는 차이를 만들어서 싸우고 있더라고요. 서로 의심하고요.

제가 노동자 측에 "(주 52시간제를 검토해 보니 사측이 요구하는 게 근로자 권익과 상관이 없던데) 그냥 형식적으로 사측이 해달라는 걸 해주면 안 되겠습니까" 했더니, '다른 걸 또 요구할 것이다'라고 의심을 합니다. 그래서 그건 절대 안 된대요. 그리고 실질적으로는 차이가 없더라도, 악용될 것이라고 걱정하는 거예요.

제가 기업 측에도 말했습니다. "그거 꼭 필요합니까? 내가 보기에는 기존 제도보다 새로 만들려는 제도가 불리합니다." 실제로 그렇더라고요. 왜냐하면 (새로운 제도대로) 노동시간 변형에 따른 초과수당 등을 다 지급하면, 기존에 있는 제도를 이용하는 게 (사용자 입장에서) 훨씬 더 유리해요.

결국 최종적으로 나온 안은, 3개월 단위로 (노동시간) 유연성을 확보하게 돼 있는 것을 노동부 고시를 바꿔서 6개월로 늘려달라고 요구하는 것이었습니다. "그건 노동부가 늘리면 되지 않습니까?" 하고 물었더니, 노동부가 "(그렇게 하면 노동부가) 욕을 먹기 때문에, 반도체특별법을 제정해서 '반도체 산업의 특성을 고려할 수 있다' 이런 문장을 하나 넣어달라는 거예요.

노동부가 욕먹기 싫어서 국회 보고 '욕 안 먹을 조항을 하나 넣어달라'고 요구하는 게, 이게 말이 되냐는 거죠. 이런 걸 가지고 싸우고 있어요. 아무 실익 없는 거죠.

결국은 노동부가 6개월로 늘렸죠. 아무 문제 없잖아요. 그 6개월까지 탄력근로제를 도입할 수 있는 변형근로시간제를 도입하면, 사실은 기존에 있던 문제는 다 해결된 거예요. 그런데 왜 이런 걸 가지고 싸웁니까? 쓸데없이 대화가 끊어져서 그렇습니다. 그리고 이걸 가지고 정치적으로 악용해서 그래요. 지금 먹고살기 힘들어 죽겠는데, 왜 이런 걸 정쟁으로 만들어 싸웁니까? 그래서 지금 필요한 논쟁을 해야 한다는 말씀을 드리고요.

정년 연장 문제나 주 4.5일제와 관련해서는 혹시 그런 생각을 하시는지 모르겠는데요. '어느 날 갑자기 이재명이 긴급 재정명령을 해서 확 시행을 해버리지 않을까?' 그런 걱정을 하시는 분들이 꽤 있더라고요. 그런데 그렇게 할 수가 없습니다. 또 그렇게 할 이유도 없고요. 그렇게 한다고 저한테 무슨 개인적 이익이 되는 것도 아니고, 민주당 표가 엄청 많이 생기는 것도 아니고요.

대화하고 준비를 해야죠. 필요하면 단계적으로 진행하고, 영역별로 차등을 두고. 못할 곳은 못하는 거고, 할 수 있는 곳부터 먼저 단계적으로 하면 되지 않습니까?

아까 손경식 회장님도 말씀하셨는데, 대한민국의 시간당 노동 생산성이 다른 나라의 3분의 2밖에 안 됩니다. 그런데 노동시간이 늘어나면 생산성이 더 떨어지죠. 이론적으로는 노동시간을 줄여야 하는데, 그렇다고 막무가내로 줄일 수는 없지 않습니까?

다 준비해야죠. 제도적인 준비도 하고, 정책적인 준비도 해야 하고요. 복지 혜택도 더 줘야 하고, 사회적 안전망도 더 확고하게 해야 하고요. 그런 것들이 다 갖춰진다는 전제 하에서 우리 사회가 점진적으로 그렇게(노동시간을 줄이는 방향으로) 가야 한다는 말씀을 제가 드리는 거예요. 어느 날 갑자기 무슨 계엄 선포하듯이 그렇게 할 거라고 걱정 안 하셔도 됩니다.

———

다음은 이재명과 삼프로TV 진행자의 '52시간 근무제'에 대한 대화 내용이다.

사회자 반도체 산업 근로자의 주 52시간제 예외 문제를 어떻게 할 것인가에 대해서 아직은 입장이 명확하지 않은 것 같아요.

이재명 제가 주 52시간제 얘기를 하면서, 우리 사회가 참 토론을 하지 않는 일방적인 사회라는 것을 느끼는데요.

예를 들면 한 동그란 물체가 있잖아요? 이리 봐도 저리 봐도 둥근데, 어떤 사람은 이걸 세모라고 주장해요. 어떤 사람은 또 네모라고 주장해요. 그래서 제가 둥글다는 걸 보여줬어요. 그래도 세모라고 주장하고, 네모라고 주장해요.

사회자 주 52시간제 관련해서도 그런 일이 일어나고 있다는 말씀이신가요?

이재명 네, 똑같습니다.

우선 경제 문제에 대한 제 생각은, 저는 (분배와 성장을 모두 중요하게 생각하는) 양면을 다 가지고 있는 사람이라고 생각합니다. 어떻게 분배 없이 성장만 얘기합니까? 어떻게 복지 없이 경제만 얘기해요. 다만 시점과 상황에 따라 어떤 걸 더 강조하느냐가 중요하겠죠.

저는 노동시간을 장기적으로 줄여 가고 생산성을 향상해서 선진국 수준에 맞춰야 한다고 생각합니다. 우리나라가 너무 장시간 노동하고 있고, 산업재해 사망률이 전 세계 1등인 상황이잖아요.

그러나 지금은 경제가 너무 어려우니 경제를 회복시키자. 그리고 지속적으로 성장할 수 있는 새로운 영역을 최대한 지원하고 발굴하자. 그래서 회복과 성장 얘기를 한 거예요. 저는 노동도 존중해야 된다고 보고요. 장시간 노동을 통한 노동 착취의 방법으로는 글로벌 경쟁을 할 수 없다고 생각합니다.

(52시간 근로제 관련해서) 제가 노사 양쪽 얘기를 다 들어봤어요. 그런데 기업 측 주장이 뭐냐 하면, "반도체 산업이 급하다. 국제 경쟁해야 된다. 그러니 반도체 산업만 연구개발 영역에 한해서, 그중에서도 일부 고소득 전문가에 대해서 본인들이 원하는 만큼 일할 수 있게 규제를 풀어주자. 대상자도 얼마 없다"는 것이었습니다.

이거 말 되잖아요. 합리적이지 않습니까? 그래서 제가 노동자 쪽에 물어봤어요. "내가 보기에 그 말이 일리가 있다. 본인이 일하겠다는 걸 왜 법으로 금지하냐. 초고소득자만 한다는데" 그랬더니, 노동자 쪽이 뭐라고 하냐면 "그거 거짓말입니다. 총 노동시간도 늘리고 노동시간이 변형될 거 아닙니까? 주말, 야근 수당 안 주려고 합니다. 노동 착취하려고 그러는 겁니다" 이렇게 의심을 해요.

그래서 제가 토론을 시켜보기로 한 거예요. 제가 주재하는 토론을 공개적으로 한 겁니다. 남들 보는 데서 한번 대화를 해 봐라.

제가 이렇게 하는 이유가 있어요. 경기도지사 시절에 계곡 정비할 때도 그랬는데, 여러 사람들이 지켜보는 가운데 얘기를 하잖아요? 그러면 몰상식한 얘기를 못합니다. 경우에 어긋나는 얘기를 양심상 못해요. 그러니까 합의가 돼요. 제가 그 경험 때문에 양쪽을 불러서 2시간 반 토론을 해봤잖아요.

정리된 게 뭐냐 하면, 제가 사용자 측에 물어봤어요. "총 노동시간을 늘리자는 거냐? 지금도 주 52시간씩 1년이면 2,803시간인데, 그러면 1년에 3,000시간 일 시키고 싶은 거냐? 지금 전 세계가 1,600시간 일하는데 우리만 3,000시간 하자는 거냐?"라고 물었더니 아니래요.

그래서 노동자 측에 물어봤더니 "저거 거짓말입니다" 이러는 거예요. "안 한다잖아요?" 해도 여전히 의심을 하더라고요. 여기서 일단 정리된 것은 '총 노동시간을 늘리지 않는다'는 것입니다.

두 번째 쟁점은 '초과 근무에 대한 수당을 주느냐'였습니다. 제가 사측에 미리 질렀어요. "첨단 산업 하신다는데, 근로자 수당 떼먹어 가면서 글로벌 경쟁이 됩니까?" 그랬더니 "아닙니다"라고 해요. 그런데 노동자들이 또 "그거 거짓말입니다" 그래요.

결론은 어떻게 됐냐면요, 기존에 이미 선택적 근로제, 재량근로제 같은 제도가 있어요. 그 제도를 이용하는 게 더 유리하다는 것입니다. 새 제도를 만들어도 별로 실익이 없어요. 그러니까 결국은 불필요한 논쟁을 하고 있는 데 가깝다. 이런 걸로 왜 싸우냐는 것이죠.

최종안은 어떻게 됐냐면, 사용자 측에서 "(새로운 제도를 마련할) 필요 없다. 노동부에서 기존의 선택근로제 승인을 빨리빨리 해주면 좋겠다. 그것만 해달라"는 제안이 들어왔어요.

제가 이 얘기를 하는 이유는, 지금 많은 영역에서 이렇게 싸우고 있어요. 그러니까 토론해야 합니다. 토론하면 많은 문제들을 해결할 수 있어요.

6
산업재해

산업재해, 반복돼서는 안 돼
관리·감독 강화하면 예방 가능

　연간 2,000명이 넘는 근로자가 산업재해로 목숨을 잃고 있다. 2023년에는 2,016명이 사망했다. 하루 평균 8.1명 꼴이다.(토·일요일과 법정휴일을 뺀 2023년 영업일 248일 기준)

　소년공 출신으로 어린 시절 공장에서 일하다 프레스 기계에 왼팔이 끼는 사고를 경험했던 이재명은 이같은 산업재해 사고에 대해 어떤 생각을 갖고 있을까?

　최근 SPC삼립 제빵공장에서 50대 여성 노동자가 컨베이어와 구조물 사이에 끼여 숨지는 사고가 발생하자, 이재명은 "목숨 걸고 출근해야 하는 부끄러운 '노동 후진국'의 근로환경"이라며 SPC 그룹을 강한 어조로 비판했다.

"(빵공장 사망 사고와 관련 SPC 계열) 회사 대표가 유가족과 국민 앞에서 사과하고 재발 방지를 약속했는데, 같은 성격의 사고가 반복적으로 발생하고 있습니다. 정말 참담한 심정입니다."

이재명은 "사고가 불시에 일어날 수 있지만, 산업재해가 반복돼서는 안 된다. 최대의 노력으로 막아야 하는 일"이라고 강조했다. 그는 산업재해가 끊이지 않고 반복되는 원인으로 '관리·감독 부족'을 꼽았다.

산업 안전관리를 담당하는 고용노동부에 근로감독관이 충분하지 않기 때문에 각 산업 현장에서 안전수칙이 제대로 지켜지고 있는지 제대로 감시하지 못하고 있다는 것이다. 사후 약방문 식으로 사고가 나면 책임만 묻는 후진적인 시스템이라고 했다.

"산업 현장의 사용자들 태도는 '일단 돈을 아끼자'는 거예요. 그러다 보니 사고가 나는 거죠. (사고가 나도) 산업재해 보험에 들어 있어서, 위자료를 조금 주면 끝나요. (법을 지키는 것보다는) 일단 아끼는 게 훨씬 이익인 거죠. 그러니 사고가 반복될 수밖에 없죠."

사고를 막으려면 철저한 관리·감독이 필요하다는 게 공장 경험이 많은 이재명의 소신이다. 이런 생각은 더불어민주당의 공약에 잘 녹아 있다.

더불어민주당이 공개한 이재명의 정책공약집에는 '노동 존중 및 권리 보장' 정책 중 하나로 '근로감독 인력을 증원해 감독 시스템을 강화하겠다'는 내용이 들어가 있다. 또 "모든 산업·업종에서 체계적인 안전관리 기준과 절차를 마련해 다양한 산업에서 발생하는 재해를 예방할 수 있는 체계를 구축하겠다"는 내용도 담겨 있다.

―――

다음은 이재명과 삼프로TV 진행자의 '산업재해'에 대한 대화 내용이다.

사회자 혹시 공무원이 너무 많다거나 조직이 비대하다는 데는 동의하지 않으세요?

이재명 저는 공무원이 많아서 문제라고 생각하지 않고요. 오히려 좀 부족하다고 생각해요.

사회자 그럼 제대로 배치가 안 된 건가요?

이재명 제대로 일을 못하게 해 놓은 거예요.

사회자 어떤 공무원들은 업무가 너무 과중해서 시달리고, 뭐 이런 건가요?

이재명 그렇죠. 제가 경기도에서 제일 안타까웠던 게, 산업재해나 대형 화재 사고 이런 게 너무 자주 일어나요. 경기도가 넓기도 하고요. 그런데 산업안전관리를 하는 노동부에 근로감독관이 없어요. 그냥 법

률상 규정만 만들어 놓고 기업인들한테 지키라고 하는데, 지키는지 안 지키는지를 실제로 감시를 못해요. 사고 나면 책임만 묻는 거죠. 그런데 사용자들 태도는 일단 돈을 아끼는 거예요. 그래서 사고가 나죠. 그러면 과장만 형사 처벌돼요. 그리고 산업재해보험 다 들어 있어요. 위자료 조금만 주면 돼요. (법 규정 안 지키고) 일단 아끼는 게 훨씬 이익이에요. 그러니 사고가 날 수밖에 없죠. 구조적으로 단속을 안 하니까.

그래서 제가 경기도에 단속권을 줘라, 그럼 우리 돈 들여서 단속할 게(라고 제안했는데) 절대 안 주더라고요. 300명에서 많으면 400명 정도 뽑아서 규정을 지키는지 안 지키는지 단속을 실시간으로 하면 사고가 많이 줄어듭니다.

제 자랑을 하나 할까요? 성남 야탑동에서 얼마 전 불이 났는데요, 건물이 완전히 다 타버렸어요. 보통 그 정도 불이 나면 사상자가 생겨요. 그런데 사상자가 한 명도 없었죠. 왜 그럴까요?

제가 몇 년 전 성남시장할 때 수내동에서 학원 건물에 불이 났어요. 그때 학원이 다 탔어요. 그때 학원에 학생이 20명인가, 30명 있었습니다. 그런데 부상자가 한 명도 없었어요, 어떤 차이였을까요? 이유는 방화문을 잘 닫아놨던 거예요. 방화문은 보통 다 열어놓죠.

사회자 통상 방화문은 열어놓죠. 노루발 이런 걸 이용해서.

이재명 맞아요, 다 열어놓습니다. 불편하니까. 그런데 제가 성남시에 그걸 다 단속하라고 시켰습니다. 신고하면 15만 원씩 포상하는 제도도 만들고요. 그런데 단속이 전체적으로 다 끝나고 얼마 뒤에 그 학원 건물에서 불이 난 거예요. 방화문이 다 작동했죠. 스프링클러도 작동하고요. 사전에 다 단속을 했으니까.

사회자 그 두 가지만 지켜도 화재로 인한 사상자를 상당수 막을 수 있다는 말씀이시죠?

이재명 (행정을 하다 보면 그런 케이스가) 엄청나게 많습니다. 그런데 그걸 할 수 있는 인력이 없어요. 그런 건 좀 늘려서 해야 되잖아요. 1년에 산재사고로만 한 500명 이상이 죽잖아요. 전 세계에서 가장 많이 죽죠.

7
근로소득세

소득세 과표구간 개정해야
소득-법인세 세수 역전…중산층 양성 걸림돌

"월급쟁이는 봉이니까, 말이 없으니까……."

이재명은 우리나라의 근로소득세 시스템이 "잘못됐다"고 단언했다.

"현재 근로소득세 과세표준 구간과 세율은 17년 전에 만든 건데, 그동안 명목임금이 올랐으니까 (사실상) 세금이 늘어난 셈입니다. (정부가 근로소득자를 대상으로) 강제 증세를 한 거예요. 저는 이건 정부의 도덕성 문제라고 봅니다."

월급 소득자에게 과도한 세 부담을 지웠다면서, 정부의 도덕성에 심각한 문제가 있다고까지 말했다. 2008년 이후 17년째 바뀌지 않고 있는 근로소득세 제도를 이제는 고쳐야 한다고 했다.

현행 근로소득세 과세표준은 6~45%의 누진세율이 적용되는 8단계 구조다. 연 소득 8,800만 원 이하는 6~24%의 세율이지만, 8,800만 원을 초과하면 급격히 높아진 35~45%의 세율이 적용된다.

2008년 이후 여러 차례 세법이 개정되며 과세표준 구간이나 세율이 일부 조정됐다. 그렇지만 '과세표준 8,800만 원 초과 시 35% 세율'은 17년째 그대로다. 근로소득세의 기본공제액 역시 2009년 100만 원에서 150만 원으로 인상된 이후 지금까지 변함이 없다.

이재명은 이에 대해 "정부가 사실은 (과표 구간의 문제를) 알면서 모른 척한 것"이라고 꼬집었다. 그리고 중산층 양성이 가로막히는 게 가장 큰 문제라고 지적한다.

근로소득세 세수가 지난 10년 새 2배 넘게 불어나면서 2024년 처음으로 법인세 세수를 역전했는데, 이처럼 높아진 근로소득세 부담이 서민의 부 축적에 걸림돌이 되고 있다는 설명이다.

문제는 재정수입이 줄어든다는 것이다. 근로소득세의 과표 구간을 현실적으로 조정하면 세수 감소는 불 보듯 뻔하다.

이재명은 지금 당장 대개혁을 하기보다는 감당할 수 있는 수준에 맞춰 점진적으로 개선해나가야 한다고 말했다.

그는 "물가에 맞춰 과표 구간을 조정했을 때 연간 12조~13조 원까지 세수 펑크가 나는 것으로 계산된다"며 "세수 결손이 너무 커 감당이 안 되는 만큼 장기 목표를 가지고 조정해야 한다"고 밝혔다.

다음은 이재명과 삼프로TV 진행자의 '소득세'에 대한 대화 내용이다.

사회자 혹시 소득세와 상속세를 국제 표준에 맞추는 생각은 해보셨어요?
이재명 국민들이 동의하시면, 저는 그게 더 현실적이라고 보죠.
사회자 소득세를 여기서 높이면 안 될 것 같은데요.
이재명 저는 근로소득세는 지금 손을 봐야 되겠다 생각해요. 이것도 (상속세와) 같아요. 과세표준에 따라 누진되도록 돼 있잖아요. 그런데 이 누진 구간도 16년 전에 만들어 놓은 건데, 물가가 올랐잖아요. 그럼 명목 임금이 오르잖아요. 실제 임금은 안 올라요. 그런데 세금은 늘어요. 왜냐하면 이 구간에 있다가 저 구간으로 자꾸 올라가니까.
사회자 구간이 물가 반영을 안 하니까요. 사실상 증세인 거죠, 이건.
이재명 강제 증세를 한 거예요. 그러니까 증세를 당한 거죠.
사회자 그렇죠. 나라가 올린 건 아니지만 자연스럽게…….
이재명 당한 거예요. 그래서 저는 그걸 정부의 도덕성 문제라고 봅니다. 정책에도 도덕성이 있거든요. 알면서 모른 척한 거예요. 왜냐하면 월급쟁이들은 봉이니까. 말이 없으니까.

사회자 그런데 그게 그렇게 된 지는 굉장히 오래됐는데, 왜 그동안에는 그 얘기를 안 하셨어요?

이재명 제가 뭐 얘기를 한다고 되는 것도 아니고, 또 잘못하면 포퓰리즘이라는 소리를 (들으니까)……. 지금 이게 논쟁이 된 이유는 법인세 수입과 개인 소득세 수입이 역전돼 버렸기 때문이에요. 법인세도 오르긴 올랐는데, 개인 소득세는 우상향을 해서 드디어 골든 크로스가 돼 버린 거예요.

이게 어떤 문제를 만드냐 하면, 급여 소득을 통한 중산층 양성을 가로막은 겁니다. 실제 소득은 오르지 않는데 세금은 자꾸 올라서요. 제가 계산을 해봤어요. 과표도 물가에 따라 올려야 하잖아요. 이렇게 했을 경우에 연간 손실 규모가 한 10조 원에서 12조~13조 원까지 난다고…….

사회자 나라가 벌어들일 세입이 그렇게 줄어든다…….

이재명 반대로 얘기하면 지금까지 매년 10조 원씩을 월급 생활자들이 자기도 모르게 더 냈다. 그래서 결국 법인세와 소득세 (수입이) 역전돼 버렸는데, 지금 당장 문제를 제기해서 교정하면 세수 결손이 너무 많아요. 감당이 안 돼요. 좀 장기적인 목표를 가지고 감내할 정도 수준에서 조정해 나갈 필요가 있겠다는 생각입니다.

8
상속세

세금 내려고 집 파는 일 없어야
최고세율 인하는 '초부자 감세'

"이건 잔인하잖아요. 국가 정책이 국민에게 고통을 주면 안 되거든요. 부모나 배우자가 세상을 떠난 것도 슬픈데 (상속세 내려고 같이 살던 집을 팔아야 한다면) 얼마나 억울하겠어요."

현행 상속세 제도를 바꿔야 한다고 생각하는 이유를 이재명은 이렇게 설명했다. 정부가 국민에게 '몹쓸 짓'을 하고 있다는 것이다.

그렇다면 이재명이 생각하는 해법은 뭘까? 이재명은 현재 10억 원인 상속세 공제한도를 18억 원 정도까지 끌어올리면 된다고 한다.

최근 10년 사이 서울 집값이 크게 오르는 바람에 상속세를 내려고 집 팔고 서울에서 내쫓기는 경우가 종종 생기는데 공제한도를 18억~20억 원 정도까지 올리면 이 문제는 어느 정도 해결된다는 것이다.

물론 제도 개편을 위해서는 관련 세법을 수정해야 한다. 다행스러운 것은 국민의힘도 상속세법 개정이란 총론에는 찬성하고 있다는 점이다. 그러나 구체적인 내용, 즉 각론에서 더불어민주당과 국민의힘이 서로 이견이 있어 조율이 필요한 상황이다.

상속세제 개편에 대한 여야의 입장과 이재명의 생각을, 공제한도 상향 조정, 최고세율 유지, 유산세 유지 또는 유산취득세로 변경 등 3가지 현안으로 나눠 정리한다.

공제한도 10억 원에서 18억 원으로 확대

집값 상승에 따른 상속세 부담을 덜기 위해 공제한도를 확대하자는 데에는 여야간 이견이 없다.

이재명은 "28년 전 공제한도를 설정할 때 서울 집값은 대부분 10억 원 미만이었는데, 지금은 평균 10억 원을 훌쩍 넘는다"면서 "집 한 채 상속받아도 당장 현찰이 없으면 집을 팔아야 한다"며 공제한도의 상향 필요성을 설명했다.

다만 공제한도를 얼마로 늘릴지에 대해서는 국민의힘(20억 원)과 민주당(18억 원) 사이에 견해차가 있다.

이재명은 "(내 생각은) 20억 원으로 하면 (어떨까) 했는데, (당에서 재정 추이를 시뮬레이션해 본 뒤) 18억 원이 적정하다고 안을 낸 것"이라며 "공제한도는 누가 마음대로 정할 수 있는 게 아니다. (세수 등을 감안해야 한다) 크게 보면 18억 원에서 20억 원 정도면 적정하다고 생각한다"고 말했다.

50% 최고세율 유지

우리나라 상속세율은 과세표준 1억 원 이하 10%, 5억 원 이하 20%, 10억 원 이하 30%, 10억 원 초과 40%, 30억 원 초과 50% 등 5단계의 초과 누진세율 구조로 돼 있다.

상속세제 개편의 또 다른 쟁점은 누진세율 구조 맨 상단의 50% 세율을 없애서 최고세율을 40%로 낮출 것인지 아니면 그대로 둘 것인지 여부다.

국민의힘은 경제협력개발기구(OECD) 평균(26%) 또는 주요 선진국(미국 40%, 프랑스 45%, 영국 40%) 수준을 감안할 때 우리도 40%로 낮춰야 한다는 입장이다. 국민의힘은 "각종 공제를 제외하고 상속 재산이 30억 원을 넘으면 그 절반을 고스란히 세금으로 내야 한다"면서 "이는 '과도한 세금' 또는 '징벌적 과세'에 해당된다"고 주장한다.

반면 민주당은 역효과(세수 감소)를 감안할 때 지금 논의할 정도로 시급한 사안은 아니라는 입장이다.

최고세율을 적용받는 '아주 돈 많은 사람'(이른바 '초부자')은 약

1,000명에 불과한 만큼 최고세율 인하의 편익보다는 세수 감소에 따른 부작용에 방점을 둬야 한다는 것이다. 경기침체 등으로 가뜩이나 세수가 부족한 지금, 최고세율 인하에 대한 논의는 '한가하다'는 입장이다.

유산세 → 유산취득세 개편

상속세의 과세표준(과표, 세금 부과의 기준)을 사망자의 재산을 기준으로 할지(유산세 방식), 아니면 자녀가 상속받는 재산을 기준으로 할 것인지(유산취득세 방식)도 상속세와 관련된 쟁점 가운데 하나다.

현재 우리나라는 유산세 방식을 채택하고 있는데 국민의힘은 이를 유산취득세 방식으로 바꾸자는 입장이다.

사례를 들면 다음과 같다.

아버지가 4명의 자녀에게 각종 공제를 제외하고 40억 원의 재산을 남겼다고 가정할 경우(과표 40억 원), 유산세 방식은 40억 원에 상속세율을 곱해 상속세를 결정한다. 즉 '40억 원(과표)×0.5(세율)=20억 원(1인당 5억 원)'이다. 사망자를 기준으로 한 세금 산정 방식이다.

그러나 유산취득세 방식은 사망자가 아닌 재산을 받는 사람을 기준으로 한다. 따라서 40억 원을 자녀 4명으로 나눠 자녀 1인당

과표는 10억 원. 상속세금은 '10억 원(과표)×0.3(세율)=3억 원'이 된다. 사망자 기준으로 '3×4=12억 원'으로 유산세 방식에 비해 세금이 8억 원 줄어든다.

현재 OECD 국가 중 독일, 프랑스 등 20개국은 유산취득세 방식을 채택하고 있다. 국민의힘은 국제 표준에 맞게 유산취득세로 바꾸자는 입장이고 민주당은 세수 감소를 이유로 유보적이다.

이재명은 유산취득세 개편 여부에 대해서는 구체적으로 언급하지 않았다. 다만 "국민이 동의한다면, (상속세제의 큰 방향은) 소득세율을 높이고 상속세율을 낮춰서 국제 표준에 맞추는 게 현실적이라고 본다"고 했다.

궁극적으로는 유산취득세 방식이 더 나을 수 있다는 입장을 취한 것이다.

다음은 이재명과 삼프로TV 진행자의 '상속세'에 대한 대화 내용이다.

사회자 최근에 논란이 많은 게 상속세인데요. 사실은 여당이나 야당이나 상속세 개편에는 이견이 많지 않은 것 같고, 다만 상한선을 낮추는 부분에서 이견이 큰 것 같아요. 상속세 전반에 대한 생각을 알려주세요.

이재명 상속세 개편이 필요하다는 건 (여야가) 다 공감하는 바인데, '어느 부분을 손댈 것이냐'는 완전히 달라요. 언론에서는 '(의견이) 비슷한데 왜 싸우지?' 이렇게 생각할 수 있는데, 상속세 개편에서 진짜 필요한 건 기초 공제, 그러니까 상속세 면세점입니다. 28년 전 개발도상국 시대에 면세점을 정할 때 10억 원까지 상속세를 면제한 건데요. 지금까지 이게 변하지 않았어요.

(그래서) 어떤 일이 생겼냐면, 제가 상속세 기초 일괄 공제를 손봐야 한다고 생각한 게 2023년쯤인데요, 서울에 갑자기 상속 대상자가 15%대가 늘었대요. 그게 왜 그러냐? 집값이 올라서 그런 거죠. 28년 전 서울 집값은 다 10억 원 미만이었으니까.

집 한 채 가지고 있는데, 부모님이 돌아가신다든지 남편 또는 아내가 사망해서 집을 상속받으면, (집값이 오르기 전에는) 세금이 없으니까 그 집에 그대로 살 수 있었는데, 지금은 집값이 10억 원을 훨씬 넘기 때문에…… 아버지, 어머니 또는 남편, 아내가 사망하면 상 치르고 그다음에 상속세를 내야 되는데, 돈이 없어요. 집을 팔아야 돼요. 실제로 이것 때문에 서울에 못 살고 이사 간 사람들이 많다는 거죠.

사회자 형제들 간에 소송도 많이 걸리더군요.

이재명 이건 잔인하잖아요. 저는 이게, '경제적 정의'라는 개념도 있긴 한데, 잔인하다. 국가 정책이라고 하는 게 개인한테 고통을 주면 안 되거든요. 부모나 배우자가 떠난 것도 억울한데 그 집에서까지 내가 떠나야 되면 얼마나 슬프겠어요. 그래서 손을 봐야 되는데, 계산을 해 본 거예요. 계산을 해 보니까, 배우자 공제 10억 원 정도에 일괄 공제(5억 원)를 3억 원 정도 올려서 (공제액을) 18억 원으로 하면 거의 대부분 서울의 웬만한 집들은 다 해당이 되더라…….

사회자 중산층 정도라면?

이재명 저는 원래 20억 원으로 하려고 했는데, 임광현 의원이 18억 원 정도가 적정하다고 계산을 해요. 그런데 그건 우리 마음대로 정할 수 있는 건 아니고요. 18억 원에서 20억 원 정도면 적정하겠다.

사회자 국민의힘은 20억 원을 주장하고 있죠. 그러면 여당과 별 차이가 없다는……

이재명 내용이 좀 달라요. (국민의힘은) "자녀 공제액이 현재 5000만 원인데, 이걸 5억 원으로 하자." 자녀 수에 따라 좀 다르고, 그쪽이 20억 원으로 하자는 얘기는 정확하게 보면 다릅니다. 나중에 한번 알아봐 주시고요.

사회자 절대 금액의 문제는 아니다?

이재명 네, 그쪽이 주장하는 것의 핵심은 그게 아니에요. 50%로 돼 있는 과세표준 구간을 40%로 낮추자. 즉 50% 구간 1개를 없애버리자.

사회자 최고세율이요?

이재명 네, 최고세율 하나를 없애자. 그러면 어떤 일이 벌어지냐 하면, 지금 (상속액) 30억 원 이상이 50% 세금을 내게 돼 있는데, 우리 주장대로 18억 원 기초 공제액을 더하면 총 48억 원이잖아요. 대충 한 50억 원에서 60억 원 사이부터 50% 세금을 내는데, 이 대상자가 1,000명이 안 된다는 거예요.

사회자 초고액 자산가, 재벌들.

이재명 그 이상이 되면 500억, 1,000억 이렇게 (상속을 받는) 분들이 몇백 명 계신데, 그걸 10%포인트(p)씩 꼭 깎아줘야 되냐…… 세수도 부족한데 그게 급하냐…… 그런 얘기로 부딪히고 있는 중입니다.

사회자 전 세계에서 우리나라의 상속세 최고세율은 일본 다음이고, 우리나라가 상속세를 매기는 방식은 유산취득세 방식이 아니라 유산세 방식이어서, 말씀하셨던 30~40억 원 정도 혹은 50억 원 정도 재산을 갖고 있는 사람은 전 세계 어딜 가도 우리나라보다 상속세 많이 내는 곳이 없는 게 현실인데, 그 부분은 어떻게 생각하세요?

이재명 상속세가 낮은 나라들은 대개 소득세 비율이 좀 높아요.

사회자 세율이 좀 높죠.

이재명 그리고 상속세율이 높은 나라는 소득세율이 낮은 나라들이에요. 그걸 일괄적으로 비교하기는 좀 어려울 것 같습니다.

사회자 혹시 소득세율을 좀 높이고 상속세율을 (낮춰서) 국제표준에 둘 다 맞추는 안은 생각 안 해보셨어요?

이재명 국민들이 거기에 동의하시면, 저는 그게 더 현실적이라고 보죠.

9
중소기업 가업 승계

가업상속공제 한도 상향은 시기상조
세금 문제는 이해관계자 간 협의 필요

"두 번 상속하면 회사가 사라진다."

서정진 셀트리온 회장이 지난 2020년, 당시 여당이던 더불어민주당 의원들과 만난 자리에서 한 말이다.

상속세 부담이 커서 가업을 두 번 상속하면 회사가 남의 손에 넘어가 버린다는 의미다. 이건희 삼성그룹 회장 사망을 계기로 재계에서 우리나라 상속세 부담이 지나치다는 볼멘소리가 나오던 때였다.

서정진 회장의 이 말은 엄살일까? 업계에서는 이 말에 동의하는 사람이 많다.

우리나라의 현재 상속세 최고세율은 50%로, 일본(55%)에 이어 세계 두 번째로 높다. 여기에 최대주주가 상속받는 주식에 20%를 추가 부과하는 '최대주주 할증과세'까지 적용되면, 지분 상속 시 실질 최고세율은 60%에 달한다.

가업 승계의 과도한 세부담을 완화하기 위해 정부는 중소·중견기업의 가업 승계를 지원하는 가업상속공제 제도를 운영하고 있다. 가업상속공제는 피상속인(부모)이 10년 이상 계속 경영한 중소·중견기업을 상속인(자녀)에게 승계할 경우, 가업상속 재산가액의 100%를 공제해주는 제도다. 공제한도는 최대 600억 원까지다.

그러나 가업상속공제를 받으려면 피상속인이 40%의 지분(상장사는 20%)을 10년 이상 계속 보유해야 하고, 가업 영위 기간의 50% 이상을 대표이사로 재직해야 한다. 또 상속인은 18세 이상이어야 하며 상속 개시 전에 2년 이상 가업에 종사해야 하는 등 조건이 까다로워 실제 적용 사례가 많지 않다. 2017에서 2022년까지 5년간 이 제도를 활용한 건수는 연평균 105건, 총공제금액은 2,983억 원에 불과하다.

현재 국민의힘은 600억 원인 가업상속공제 한도를 1,000억 원 이상으로 높이자는 입장이다.

이재명은 이에 대해 "필요성은 인정하지만 한도를 500억 원에서 600억 원으로 올린 지 2년밖에 안 됐다"면서 시급한 문제는 아니라고 한 발 빼는 모습이다.

"지금 국가 세수가 너무 부족해서 최소한의 일도 못하고 있습니다. 기본적인 SOC(사회간접자본) 투자나 R&D(연구개발) 지원도 어려운데, 마구 깎아주는 게 능사는 아닌 것 같아요."

이재명은 경제5단체장과의 간담회에서도 이와 같은 입장을 재확인했다. 그는 최진식 한국중견기업연합회 회장이 가업 승계를 위한 상속세제 개편을 건의한 데 대해 "(상속세 공제 기준을 다시 조정하는 것은) 국민들이 수용하기 어려울 것"이라며 반대 의견을 분명히 했다.

이재명은 "세금 제도는 이해관계가 복잡하기 때문에 즉흥적으로 결정하기 어렵다"면서 "상속세 제도를 대대적으로 손을 대면 국민적인 거대 논쟁이 촉발될 수 있기 때문에 (이해관계자 간) 대화와 협의를 통해 조금씩 개선해 나가야 한다"고 말했다.

다음은 이재명과 삼프로TV 진행자의 '중소기업 가업 승계'에 대한 대화 내용이다.

사회자 자본시장 관점에서 저희가 주로 상장 기업들을 많이 모니터링하니까요, 시가총액이 500억~2,000억 원 정도 되는 회사들을 통상 중견기업이라고 보는데, 2세에게 자기 지분만큼 상속하면, 두 번 상속하면 세금을 제대로 성실하게 낸 사람들은 그 회사로부터 지분을 거의 확보할 수 없는 상황이 되고, 그래서 결국 그냥 매물화되는 (상황이 벌어지는데요), 일본도 그걸 굉장히 오랫동안 경험했거든요. 그래서 가업 승계를 하지 않으려는, 자본시장에도 M&A(인수합병) 매물이 쌓이고 있는 것도 사실이거든요. 기업 경영 관련해서 '더 전향적인 정책이 필요하지 않느냐' 이런 의견도 있습니다.

이재명 그러니까 '중소기업을 소유하신 분들이 자녀 세대한테 (회사 경영을) 물려줘야 되는데 세금이 너무 많다, 결국 상속세 내느라고 (상속) 못 하지 않느냐, 지분을 팔면 경영권 확보가 안 된다' 그런 주장이잖아요. 일리가 있죠. 그래서 가업 승계에 대한 기초 공제가 현재 600억 원으로 올라가 있어요. 600억 원까지는 세금이 없죠.

그런데 그걸 1,000억 원 이상으로 올리자는 게 국민의힘 주장인데, 600억 원으로 올린 지 몇 년 안 됐어요. 너무 급하다는 게 저희 생각이죠. 필요성은 인정하는데, 지금 600억 원으로 올린 지 한 2~3년 됐나? 그런데 지금 또 올리는 건 너무 심하지 않나, 하는 생각입니다.

사회자 고민은 하고 있으나, 속도가 너무 급하게 가고 있으니 (당장은 좀 그렇다는 입장이신가요?)

이재명 지금 600억 원까지는 세금이 없으니까요.

사회자 (이사의 주주 충실 의무를 반영한) 상법 개정안이 (국회 문턱을) 통과하면 주가가 많이 오를 거고, 그러면 (적지 않은 중소 중견기업의 가업상속 규모가) 600억 원을 넘길 텐데요. 결국 (주가가 많이 오르면) 가업 승계 공제한도도 늘려야 하는 거 아닌가요?

이재명 주가가 정말로 2배쯤 오르면 그때 가서 생각해보죠. 국가의 총 세수 목표가 있잖아요. 거기에 맞춰야죠. 그런데 지금 국가 세수가 너무 부족해서 정부가 최소한의 할 일도 못하는 상황이고, SOC 투자라든지 R&D 지원도 힘든 상황인데, (세금을) 마구 깎아주는 게 능사는 아닌 것 같아요.

다음은 경제5단체장 간담회에서 다룬 '중소기업 가업 승계'에 대한 내용이다.

최진식(한국중견기업연합회 회장) (시장) 참여자들이 제 역할을 할 수 있게 (정부가) 기업의 기를 살려줘야 하는데요. 기업을 지속 가능하게 하는 데 가장 중요한 것이 (가업 승계와 관련된) 상속·증여세 문제입니다. 그런데 이걸 '부자 감세'라고 죄악시하는 분위기가 있습니다.

기업은 나라의 먹거리를 만들고, 일자리를 창출하는 아주 중요한 도구입니다. 국가와 사회가 가지고 있는 유용한 도구인데, (가업 승계) 이런 데 대한 고민이 적다 이거죠.

이제는 상속·증여세가 단순한 부의 대물림이 아니고, 국가 전체의 성장과 관련된 중요한 과제라고 생각합니다.

이재명 상속세에서 가업 상속 특례는 현재 연 매출 5,000억 원 미만 기업은 (상속세 납부 대상에서 제외하도록) 상당히 많이 완화돼 있어서요. (이 기준을) 더 완화하자고 하는데, 늘린 지 얼마 되지도 않았는데 또 늘리기는 좀……. 아마 국민들이 쉽게 수용하기 어렵지 않을까 하는 생각이 들고요.

어쨌든 세금 문제는 참 어렵습니다. 이해관계가 너무 복잡해요. 그리고 다 이유가 있죠. 유지해야 한다는 입장, 줄여야 한다는 입장, 또 특례를 늘려야 한다는 입장이 다 나름의 이유가 있습니다.

생각이 다른 5,000만 명이 함께 사는 대한민국이기에 대화도 많이 하고 협의도 많이 해서 조금씩 개선해 나가야 되지 않을까 싶고요. 상속세 문제는 큰 사회적 의제인 만큼 계속 서로 노력해 보기로 하고요.

다만 한 가지 말씀드리고 싶은 게 있습니다. 저는 그런 생각이 들어요. 대한민국의 100대 대기업 중 신규 창업한 대기업 비율이 얼마나 되나……. 예를 들면 미국 100대 대기업 중 신규 창업 비율이 얼마나 되나, 이런 것도 고려해 봐야 한다고 생각합니다.

물론 나쁘다는 뜻은 아니에요. 사회 문화의 차이일 수도 있죠. 미국 같은 경우는 '나는 기업 상속 안 받고 자유롭게 살래' 이런 문화도 많지 않습니까? 다를 수 있죠. 사회가 (좀 더) 역동적일 필요도 있는 것이고요.

(이런 문제로 인해) 상속세 제도를 대대적으로 손대면 국민적인 거대 논쟁이 촉발될 수 있어요. 단순한 법조문 하나 고칠 문제가 아니고요. 이건 깊이 있는 대화가 필요하다는 점을 여러분이 이해해 주시기 바랍니다.

10
부동산과 다주택자 세금

부동산도 투자자산 인정해야
부동산 가격 낮추기 위한 주택 공급 확대

"부동산을 투자 수단으로 접근하는 걸 막을 수는 없습니다. 그걸 막으려다 더 큰 부작용과 비용을 초래했습니다."

이재명은 부동산을 '투자 자산으로 인정한다'고 분명하게 밝혔다. 부동산이 기본적으로 주거 수단인 건 맞지만, 투자 수단으로 사용되는 걸 막을 수는 없다는 것이다.

이는 부동산 투자를 규제의 대상으로 여기지 않겠다는 의미로 읽힌다. 이 때문에 일각에서는 "이재명이 변했다, 우클릭했다"는 평가가 나오기도 한다.

그는 "(부동산이 투자·투기용이 아니어야 한다는 건) 당위일 뿐, 현실은 그렇지 않다"며 "그걸 막으려고 했던 게 문제였던 것 같다"고 토로했다. 일부 지역의 고가 부동산 거래에 세금을 부과하는 등 시장을 누르는 정책을 펴지 않겠다고 했다.

"강남의 한강이 보이는 아파트는 500억 원이라도 주고 사겠다는 걸 어떻게 말리겠습니까? 돈 많이 벌어서 비싼 집 사는 걸 죄악시할 필요는 없다고 생각합니다."

이재명의 부동산에 대한 '변심'은 이번 대선 과정에서 나온 그의 공약 가운데 부동산 관련 규제가 거의 없다는 점에서도 확인된다.

그의 공식 선거 홈페이지에는 문화예술·기후환경·경제성장 등 공약이 분야별로 정리돼 있지만 부동산 공약은 따로 없다. 다만 청년 지원·기본사회 등의 분야에 일부 부동산정책이 포함됐을 뿐이다.

그렇다고 작금의 부동산 시장에 대한 문제의식까지 포기한 건 아니다.

"각국의 평균 집값이 연 소득의 몇 배인지를 정리한 통계가 있어요. (다른 나라들은 보통 8~10배인데) 우리나라는 25배라는 거죠. 언젠가는 이거 문제가 됩니다."

집값이 소득 대비 터무니없이 높고, 언젠가는 이 거품이 꺼질 것이라고 그는 말한다. 그리고 부동산 가격을 낮추기 위한 연착륙 방안으로 그는 '주택 공급 확대'를 말한다.

이재명은 공식 선거 홈페이지에서 "우리나라 주택 가격은 소득 수준에 비해 지나치게 높다. 청년들이 미래를 꿈꾸려면 적정한 주거비로 안정된 삶을 시작할 수 있어야 한다"며 "부담 가능한 다양한 형태의 맞춤형 공공분양과 고품질 공공임대 주택 공급을 확대하겠다"고 했다.

2025년 5월 29일 서울 서초구 유세 현장에서도 "앞으로 민주당의 부동산정책은 수요 공급이 균형을 잃어 수요 과다로 집값이 오르면 세금으로 수요를 억압하는 가격 관리가 아니라 공급을 늘려서 적정한 가격을 유지하도록 하겠다"고 말했다.

한편 다주택자에 대한 세율 문제는 "굳이 손대야 하나 싶다"라고 말했다. 지금도 충분히 세율이 높다는 것이다.

"과거 세율이 더 높았던 문재인 정권에서는 왜 그에 대해 목소리를 내지 않았느냐"는 지적에 대해서는 솔직하게 "과거보다 책임이 커진 입장이 되니, 생각이 바뀐 부분이 있다"고 털어놓기도 했다.

다음은 '경제 유튜버들과 휴면개미 이재명의 경제 토크' 중 '부동산'에 대한 내용을 정리한 것이다.

채상욱(유튜브 '채상욱의 부동산 심부름센터' 운영자) 부동산 문제에 대해서 우리 채널을 구독하시는 분들은 어떻게 받아들이고 있냐면, 부동산이 비싼 것 때문에 사회의 다른 많은 분야까지 문제가 되는 것 같다고 생각하고 있습니다.

예를 들어 청년층이 내 집 마련하는 것도 굉장히 어려워지고, 자연스럽게 연애·결혼·출산도 어렵고. 그리고 살기 좋은 지역이라는 게 굉장히 양극화되다 보니까 지방 소멸도 나오고, 수도권 과밀 이슈도 나오고요.

전반적으로 주거비가 비싸다는 건 총 생애 현금흐름에도 문제가 생기니까 연금 문제까지도 이어지고. 또 이런 주거비 경감 차원에서 전세 대출을 받는 걸 원래 좋게 생각했는데, 2022년에 전세 사기 사건이 많다 보니까 이젠 그런 방향으로 가는 것이 맞는지 등등…….

부동산이 가지고 있는 파급력이 굉장히 크다고 생각하고 있어서, 이재명 후보님의 부동산 문제에 대한 인식이 어떤지. 그리고 어떤 방향으로 풀어갈 생각이신지 여쭙고 싶습니다.

이재명 저는 사실 주거 문제에 대해 생각을 많이 바꾼 편인데요. 제가 예전에 그런 얘기를 많이 했죠. "집은 주거용이지, 투자·투기용이 아니어야 한다"고요. 이념적으로는 맞죠. 저는 그 생각을 강하게 가지고 있었고, 그에 기반한 주장도 많이 했죠.

그런데 지금 생각해보니까, 그게 불가능하더라고요. 그건 당위일 뿐이고 현실은 그렇지 않은 거예요. 제가 대한민국 금융시장, 특히 자본시장을 살려야 된다고 생각하게 된 이유가, 국민들이 투자할 데가 없어요. 오로지 부동산입니다. 지금까지는 부동산이 불패 신화를 이어왔기 때문이에요.

영끌(영혼까지 끌어모아 부동산을 매입하는 것)까지 할 정도로 모두가 부동산에 매달려 왔으니까 지금까지는 계속 (부동산 시장이) 성장해 왔는데요.

부동산과 관련된 한 통계를 보면, 평균 집값이 연간 소득 대비 몇 배인지 정리한 게 있어요.

채상욱 다른 국가들은 보통 8배나 10배입니다.

이재명 우리는 25배라는 거죠. 도시 기준으로 한다면 14~15배 정도 된다고 하더라고요. 우리나라가 다른 나라들보다 2배 가까이 높아서, 언젠가는 이게 문제가 됩니다. (부동산 가격은) 연착륙을 해야 돼요. 그런데 그게 언제일지 모르는 거죠. 마치 옛날에 네덜란드에서 튤립 버블이 있었던 것처럼, 언젠가는 부동산 값이 떨어지는 거죠.

그 상황을 피해야 하기 때문에 자본시장을 정상화해야 합니다. 미국은 금융 자산 중에서 주식을 가지고 있는 경우가 많거든요. 배당도 많이 받고요. 우리나라도 이런 측면에서 투자를 원하는 국민들에게 부동산 말고 다른 기회도 만들어 줘야 한다는 점이 있고요.

어쨌든 투자 수단으로 부동산에 접근하는 걸 막을 길은 없다는 생각입니다. 그걸 억지로 하려다가 부작용이 많이 생겼는데요. 그 대신 투자 목적이 아닌 '내가 이 집에 살아야 되겠다'라는 부분에 대해서는 충분한 주거를 공급해 줘야 되는 거죠.

저희는 집을 사겠다는 사람들에 대해서는 말리지 말자는 입장입니다. 굳이 세금 때려서 억누르는 거 하지 말자. 그냥 그 시장을 놔두고, '나는 살 만한 집을 구해야 되겠다'라는 사람에게는 충분히 공급을 해 주자. 청년 맞춤형 공공주택도 많이 공급하고, 임대 지원도 좀 해주고, 월세 지원도 좀 해주고. 이런 정책들은 많이 할 필요가 있다는 생각입니다.

채상욱 사실은 주거 문제를 '투자냐, 주거냐'의 이분법적인 관점에서 바라보면 문제 해결이 어렵다고 생각하고요. 최근에 SKT 유심(USIM) 대란이라든가 코로나 때 마스크 대란이 있었던 것처럼 수요가 쏠리면 그 어떤 공급으로도 해결할 수가 없거든요.

지금 부동산 시장에서 수요가 쏠리는 원인은 살기 좋은 지역으로 가겠다는 것 때문인데요. 살기 좋은 지역이 되기 위해서는 일자리, 교육, 공원, 의료, 치안 등과 같이 많은 기능적 요소들이 필요한데, 지방에서는 이런 일자리나 교육, 문화 기능이 부족하기 때문에 지방

이탈이 심화되는 것이거든요. 집이 없어서 이탈하는 건 아니에요. 서울로 수요가 쏠리는 건 서울에 이런 기능들이 많이 구축돼 있기 때문입니다. 그래서 (주거 수요를 해결하기 위해) 주택만 엄청나게 공급한다기보다는 지방에도 이런 여러 기능을 공급하는 쪽으로 (정책을) 펼친다면 효과가 있을 거라고 생각합니다.

이재명 저처럼 행정하는 입장에서는 일률적으로 정책을 적용하면 편해요. 그런데 그렇게 하면 현장에서는 부작용도 생기기 때문에, 좀 더 섬세해질 필요는 있겠다는 생각이 듭니다.

전세 사기 문제에 대해서는…… 결국 시간이 지나면 전세는 점점 줄어들 거라고 보거든요. 이게 우리나라에만 있는 특이한 제도잖아요. 정말 독특한 제도인데, 결국은 일반적인 임대, 즉 월세로 많이 바뀔 것 같아요.

―――

다음은 이재명과 삼프로TV 진행자의 '부동산과 다주택자 세금'에 대한 대화 내용이다.

사회자 제일 골치 아픈 주제가 부동산입니다. 특히 2030 세대의 상대적인 박탈감, 게다가 전세 사기까지……. 그렇다고 해서 부동산을 그냥 옥죄는 정책만 하자니, 경기 살리는 데 부동산정책만 한 건 또 없고요. 한국 부동산에 대한 시각도 듣고 싶습니다.

이재명   대한민국의 대부분 자산은 현금 아니면 부동산 둘 중에 하나예요. 원래는 금융자산 중에서 투자 자산, 그중에 제일 큰 게 주식이죠. 이 부분이 커야 기업의 자금 조달도 쉬워지는데, 우리나라는 이 시장이 매우 작아요.

국토는 좁고, 그리고 수십 년 동안 부동산으로 돈 버는 사람을 너무 많이 봤어요. 저도 전 재산이 집 한 채거든요. 인생 처음으로 집을 샀는데, 그 집값이 미안할 정도로 너무 많이 올랐어요. 그러니까 다른 사람들도 '나도 부동산 투자 해야지' 하는 욕망이 너무 커요.

그런데 반대로 생각해 보면, 집이 없는 사람들은 너무 서러워요. 항상 이사 다니고, 너무 스트레스인 거예요. 사기도 당하고요. 이 두 측면 모두가 문제입니다.

그래서 저는 이 자산 시장을 좀 조정해야 되겠다는 생각을 해서, 주식시장에 관심이 정말 많아요. 주식시장을 키워야 합니다.

그러면 부동산 시장은 어떡하느냐…… 그거(부동산 시장 열기) 누른다고 눌러집니까? 지금 세상이 양극화·집중화되고 있잖아요. 이 흐름 자체를 막을 길이 없습니다. 그러면 여기에 적응을 해야죠.

예를 들면 강남의 아파트가 있잖아요. 강남은 돈이 많은 세상이잖아요. 어떤 사람이 '나는 한강이 보이는 아파트를 500억이라도 주고 사겠어'라고 생각하는 사람이 있어요. 그걸 어떻게 말리냐고요. 그런데 그걸 막으려고 한 게 문제가 됐던 것 같아요.

투기적 요소들은 억제를 해야 되겠죠. 그런데 돈 많이 벌어서 비싼 집에 살겠다는 걸 죄악시할 필요는 없잖아요. 각자 자기 돈으로 사는 건데. 세금을 더 많이 거두면 되잖아요. 그런 측면으로 접근을 하자는 게 제 생각이죠.

또 하나는, 가능하면 공급을 합리적으로 늘려야죠. 지금은 불합리하게 늘리고 있어요. 예컨대 LH(토지주택공사)가 어딘가에 택지 개발을 하면, 거기에 땅값, 수용값 등등 더해서 건축 원가까지 해도 (평당 분양가가) 1,200만 원을 넘기 어려워요. 그런데 실제로 분양하자마자 3,000만 원이 된다는 거 아닙니까? 왜 그렇게 하죠? 누군가는 로또처럼 가져가잖아요.

청약 같은 거 추첨하잖아요. 추첨 경쟁률이 1,000 대 1까지도 오르잖아요. 또 페이퍼 컴퍼니 만들잖아요. 왜 그렇게 하냐는 거죠.

또 분양받는 사람도 거의 로또에 가까워요. 이거 불합리하죠. 저는 이 부분을, 재원을 일부 활용해서 청년 세대를 위한 부담 없는 초장기 임대를 싸게 해주자.

제가 경기도지사로 있을 때, 경기도시공사가 사업하는 택지 개발 지구는 역에서 제일 가까운 지역을 공공주택으로 다 배치하라고 했어요. 그 뒤쪽은 분양하면 되니까요. 그런데 지금 반대로 하고 있죠. 공공주택을 제일 후미진 곳에, 분양 주택을 역 근처에 배치해요. 이런 것들을 바꿔서 공급을 합리적으로 해야 합니다.

사회자 분양 주택은 좀 더 가격을 풀어줘서 자율성을 주고······.

이재명 그 수익으로 집 없는 사람들이 (공공주택) 임대받을 수 있게…… 지금은 임대 자체가 거의 불가능하잖아요. 살 수가 없어요.

사회자 살기 싫은 집을 짓죠.

이재명 네, 그런 부분들을 합리적으로 고치자는 겁니다.

사회자 그렇게 하자고 하면, 아마 해당 지역 주민분들이 '우리 재산권을 왜 이렇게 침해하는 거냐'라는 얘기가 나올 수도 있지 않을까요?

이재명 그건 걱정 안 해도 되는 게, 집 짓는 단계에서는 아무도 입주하지 않은 상태예요.

사회자 그리고 꽤 많은 무주택자들 중에 목소리가 큰 무주택자들은 장기적으로 살 수 있는 임대주택을 달라는 게 아니라, "나도 자산을 좀 키우고 싶다. 나도 집값 올라가는 내 집 마련하고 싶으니, 시세보다 싼 집 달라"는 목소리가 크니까요. 계속 그거 하고 있는 거 아닙니까?

이재명 분양과 장기 임대 사이에 절충안을 많이 구성할 수 있죠. 예를 들면 토지 임대부 건물만 분양하는 것. 그런 것도 있을 수 있고, 아니면 임대 기간을 최대한 길게 해서 그동안 임대로 하고 나중에 분양을 받되, 분양 가격을 좀 합리적으로 조정한다든지. 결국은 조정할 수 있죠. 어쨌든 조정은 해야죠. 지금 너무 로또가 돼 있어요.

사회자 다주택자에 대해서는 어떻게 생각하십니까?

이재명 세금 열심히 내면 되겠죠. 그것도 뭐 자본주의 사회에서 막을 수는 없는 거고요.

사회자 지금 (다주택자) 세율은 어떻다고 생각하세요?

이재명 글쎄요. 굳이 손대야 되겠나 싶은 생각이 들긴 하네요.

사회자 지금이 문재인 정부의 세금보다 많이 낮춰놓은 상태인데, 지금이 괜찮다면 과거의 세율이 높았다는 뜻일까요?

이재명 저는 가급적이면 다주택자 세율은 손대지 않는 게 좋다고 봐요. 부동산정책은 손댈 때마다 문제가 돼요. (과거보다) 책임이 커져서 생각이 바뀐 면들이 있죠. 저의 위치가 바뀌었고, 인생을 더 살면서 더 배운 것도 있고요.

사회자 그럼 지난 대선 때 말씀하셨던 국토보유세 문제도 다시 생각하시는 건가요?

이재명 그것도 제가 보기엔 무리한 것 같아요. 수용성이 너무 떨어져요.

3장

정부

11
경제정책에 대한 원칙

기업이 경제 주도하는 시대
정부는 기업 경쟁력 뒷받침해야

"대한민국이 자본주의 시장경제 시스템에서 벗어날 수 없죠. 정부 정책도 마찬가지입니다. 거기서 벗어나기 어렵죠. 그리고 이제 글로벌 경쟁이 중요한 시대입니다. 국경이 사라진 세상에서 살고 있잖아요. 그러면 기업들이 국제 경쟁에서 이겨내고 살아남아야 합니다. 기업 중심으로 경제가 성장하고 발전합니다. 정부가 경제 성장을 이끌던 시대는 지났습니다."

이재명은 우리가 앞으로도 지속적인 성장을 이뤄내기 위해서는 민간 기업의 역할이 중요하다며 이렇게 말했다. 그럼 정부는 어떤 일을 해야 하나?

"기업이 국제 경쟁에서 살아남으려면 정부 지원이 매우 중요합니다. 기업이 할 수 없는 인재 양성이나 기초과학기술 투자, 인문학 확산 등을 (정부가) 해야 기업이 눈부신 드라마를 쓸 거 아닙니까? 이런 데 정부가 최선을 다해야 한다……."

기업이 국제 무대에서 능력을 발휘할 수 있도록 정부가 지원해야 한다는 설명이다.

그는 "공정한 경제 생태계를 보장해 주고, 북돋아 주고 새로운 영역을 끊임없이 개발하는 게 정부의 역할"이라며 "과거처럼 자꾸 규제나 하고, 마음대로 경제정책을 정하고, 특정 지역이나 특정 기업에 자원을 몰아주는 방식으로는 대한민국 경제가 지속 성장하기 어렵다"고 말했다.

이어 "이제는 자율과 창의가 경쟁력인 시대"라며 "기업의 자율성을 최대한 존중하고, 정부는 필요한 범위 안에서 적정하게 역할을 해야 한다"고 했다.

―――

다음은 이재명과 경제5단체장의 간담회 중 '경제정책에 대한 원칙'에 대한 내용이다.

이재명   제가 지금 전국의 소외된 지역을 중심으로 지방 순회를 하고 있는데, 가장 많이 듣는 소리가 "아이고, 죽겠습니다. 먹고 살기 어려워요. 손님이 없어요. 가게 문 닫아야 될 것 같아요." 그런 얘기들입니다. 가끔은 "우리 아들, 딸 취직 못하고 놀고 있어요. 꼭 경제를 살려주세요." 이런 얘기를 참 많이 듣는데, 정말로 안타까운 상황입니다.

세계 경제 전체가 어렵고 국내 경제도 매우 어려운 상황인데, 저는 그런 생각을 합니다. 지금은 이렇게 어려운 상황이고, 전 세계 상황이 나빠서 우리도 매우 어렵긴 한데요. 그럼에도 우리가 가진 역량, 자본, 기술, 교육 수준 등 모든 것들을 감안하면, 우리가 힘을 합쳐서 함께 이 위기를 이겨내고 충분히 새로운 희망을 만들 수 있다고 생각합니다.

과거를 보더라도 우리 대한민국은 식민 지배에서 해방된 국가 중에서 유일하게 아주 짧은 시간에 산업화와 민주화를 동시에 이뤄낸 위대한 나라죠. 그 중심에 당연히 우리 국민들이 계시지만, 우리 기업들의 역할이 가장 크지 않았나, 그렇게 생각합니다. 지금도 기업들이 발군의 실력을 통해서 전 세계적으로 선도하는 영역도 상당히 많고요. 비록 많은 부분에서 추격을 당하고 있지만, 그래도 새로운 길을 충분히 만들어 낼 수 있을 거라고 믿습니다.

현재 대한민국의 가장 심각한 문제는, 경제를 살리는 겁니다. 경제를 회복해야 해요. 그래야 희망이 생깁니다. 그래야 일자리도 생기고 기회도 생겨서 젊은이들도 좌절하지 않습니다. 저는 매우 어려운 환경에서 자라기는 했어도, 힘들기는 했지만 희망이 있었어요. '분명히 내일은 더 나을 거야. 내 자식들은 나보다는 더 나은 삶을 살게 될 거야.' 이렇게 믿고 살아왔습니다.

그런데 지금은 '우리 자식은 나보다 더 힘들 텐데 어떡하지? 내 미래는 더 암울할 텐데 어떡하지?' 이렇게 됐어요. 이 문제의 가장 근본적인 이유는 뭐냐 하면, 성장이 정체됐기 때문입니다. 경제가 지속적으로 성장하는 사회였다면 이러지 않았겠죠.

우리나라 경제가 마이너스 성장한 게 거의 처음 아닙니까? 심각하죠. 그런데 성장을 회복하는 일, 일시적 회복이 아니라 지속적으로 성장하는 길의 중심에는 기업이 있을 수밖에 없습니다. 그렇다고 해서 기업만 할 수 있는 건 아니죠. 그 안에 노동자도 있어야 되고, 투자자도 있어야 되고, 당연히 소비자도 있어야 되고요. 내수도 살아야 되고 대외 수출 환경도 좋아져야 되겠죠. 어쨌든 중심에 기업이 있는 건 부인할 길이 없죠.

국가도 이제는 개혁 관련 국가로 변모해 가야 됩니다. 과거처럼 자꾸 규제나 하고, 마음대로 (경제정책을) 정하고, 자원 배분도 일방적으로 특정 지역이나 특정 기업에 몰아주고…… 이제 이런 방식으로는 대한민국 경제가 지속적으로 성장하기 어렵습니다. 공정한 경제 생태계를 보장해 주고, 그걸 북돋아 주고 새로운 영역을 끊임없이 개발하는 게 정부의 역할이 아닐까, 그런 생각을 합니다. 정치도 많이 변해야 되겠죠. 세상이 변하는 것처럼 우리 기업인들께서도 잘 해 주실 것으로 믿습니다.

―――

다음은 이재명과 삼프로TV 진행자의 '경제정책에 대한 원칙'에 대한 대화 내용이다.

사회자 저희가 3년 전에 인터뷰했을 때의 대표님과, 지금 2025년의 대표님 사이에 상당한 변화가 있은 것 같은데요. 대표님께서 경제정책이라는 측면에서 '이것만큼은 양보할 수 없다'는 마지노선, '나의 원칙은 이거다'라는 것들이 있으시면 말씀 부탁드립니다.

이재명 글쎄요. 저는 그런 것까지 상정을 안 해 봤는데, 어차피 대한민국이 자본주의 체제의 시장경제 시스템을 벗어날 수 없잖아요. 정부의 정책도 결국 거기서 벗어나기 어렵다.

그리고 이제 글로벌 경쟁이 중요한 시대에 들어와 버렸습니다. 국경이 사라진 세상을 살고 있잖아요. 그러면 기업들이 국제 경쟁에서 이겨내고, 기업 중심으로 자본주의 시장경제가 성장·발전합니다. 정부가 경제 성장을 이끌어가던 시대는 지났습니다.

그러나 기업이 국제 경쟁에서 살아남으려면 정부의 지원이 매우 중요합니다. 방향 제시, 그리고 기업들이 할 수 없는 인재 양성이나 기초과학기술 투자, 인문학 확산 등을 해야 기업이 눈부신 드라마를 쓸 거 아닙니까? 이런 부분에 대해 정부는 최선을 다해야 한다. 자율성을 최대한 존중해야죠. 이제는 자율과 창의가 경쟁력인 시대가 됐거든요. 똑같은 생각을 하는 사람을 키워서는 이제 아무것도 못하는 시대가 왔습니다. 그러니까 정부의 역할을 필요한 범위 내에서 적정하게 해야죠. 그 적정한 수준은 상황에 따라서 달라질 수 있고요.

12
북한 문제

美, 中 견제 위해 북한과 관계 개선
남북관계 개선은 우리에게 기회

    북한 관계는 역대 각 정권에서 실패와 성공을 반복해 온 아주 민감한 현안이다.

    김대중 전 대통령은 남북정상회담을 성사시켜 2000년 노벨평화상을 받았다. 노무현, 문재인 전 대통령도 임기 중 남북정상회담을 통해 남북관계 개선을 시도했다. 그러나 이명박, 박근혜, 윤석열 전 대통령 등은 남북관계에 적극적이지 않았다.

    그리고 지금 남북한은 냉전 상황을 걷고 있다. 이 때문에 정권 교체 이후 남북한의 앞날에 대한 관심이 그 어느 때보다 높다.

    특히 이재명은 대북 송금과 관련된 재판을 받고 있기도 하다. 북한 문제에 대한 소신을 밝히기 쉽지 않을 텐데 그의 답변은 명확

했다.

"북한과의 관계는 개선해야 합니다. 얻을 수 있는 실익이 더 많기 때문입니다."

이재명은 북한과의 관계를 개선하는 것이 미중 간 갈등 국면에서 특히 더 중요하다고 말한다. 북한과의 관계는 단순히 남북 협력에 그치지 않고 미국과 중국 사이에서 취할 수 있는 실용적인 외교 전략이라는 것이다.

미국이 중국을 견제하기 위해 북한과의 관계 개선에 나설 가능성이 크고, 그런 맥락에서 한반도의 남북이 우호적 관계가 되면 미국과 중국 등과의 외교에서 우리가 유리한 위치를 점할 수 있다는 게 이재명의 생각이다. 그는 그 반대의 상황도 가능하다고 말한다.

"미국은 중국을 견제하기 위해서 북한과의 관계를 개선할 텐데, 이는 우리에게는 큰 기회 요인이 됩니다. 또 북한과 미국의 관계가 개선될 때 우리가 제3자 입장에서 멀리 떨어져 있으면 큰일 날 수 있습니다."

이재명은 특히 조선업 분야에서 기회가 많을 것으로 전망했다. 그는 "미국과 중국 사이에 해양 경쟁이 벌어졌는데, 중국을 봉쇄하려면 많은 전함이 필요하다"라며 "그런데 미국이 배를 못 만드는 상황이니, 조선업에 강한 우리나라에 기회"라고 말했다.

=====

다음은 이재명, 유시민, 김용옥이 나눈 '북한 문제'에 대한 대화 내용이다.

이재명 미국 입장에서는 중국을 견제하기 위해 러시아와 손을 잡기로 한 것 같아요. 그리고 중국 봉쇄를 위해서는 북한과의 관계를 개선해야 해요. 이게 우리한테는 기회 요인이죠. 사실은 우리가 남북 관계도 개선을 해야 되잖아요.

유시민 그렇죠. 지금 안 그래도 그 얘기를 하려고 했는데요. 이 맥락에서 해야 할 것 같아요.

이재명 그렇습니다. 미국은 북한과의 관계를 개선할 거예요. 그 길로 갈 수밖에 없어요.

유시민 왜냐하면 미국이 북한의 쓰임새를 최근에 와서 발견한 것 아닙니까?

이재명 그렇습니다. 지금 국제 정세가, 미국과 러시아가 가까워지고 러시아와 북한은 특수 관계가 됐죠. 윤석열 정부가 너무 심하게 하는 바람에 너무 가까워졌어요. 우리한테 매우 위협 요인이 됐죠. 그러나 어쨌든 미국은 중국을 견제하기 위해서 북한과의 관계를 개선할 거고, 우리는 북한과 미국의 관계가 개선될 때 제3자 입장에서 멀리 떨어져 있으면 큰일 날 수가 있어요. 그러니까 미국과도 이 문제에 대해서 서로 윈윈할 수 있죠.

유시민 그러니까 (트럼프는) 미국의 대통령으로서 미국의 장기적인 전략적 이익을 위해서 움직이는 걸로 봐야 된다. 그 맥락에서 보면 중국을 지정학적 라이벌로 설정을 하면 북한이 쓸모가 있는 존재가 된 거라는 말씀이시죠?

이재명 그렇습니다. 남북 관계도 개선의 기회가 올 거고, 특히 최근 미국이 파나마 운하를 뺏어오겠다고 하고, 그린란드를 군사적으로 점령해 버릴 수가 있으니까 (그린란드에게) "미국으로 넘어와라, 아니면 팔아라"라고 하고 있고.

그 이유가 뭐겠어요? 사실은 북극 항로 때문입니다. 온난화 때문에 북극 항로가 열리는데, 이건 수에즈 운하와 파나마 운하를 다 피할 수 있잖아요. 엄청나게 가까운 거리로 항로가 열리는데, 여기에 대한 주도권을 누가 갖느냐 하는 문제도 걸려 있어요. 그러니까 이건 외교 역량이 정말로 중요한 상황이 됐고, 우리한테 기회죠.

예를 들면 미국과 중국 사이에 해양 경쟁이 벌어졌는데, 중국 봉쇄를 위해서는 엄청난 전함들이 필요한데 미국이 배를 못 만들어요.

유시민 조선업이 다 망했더라고요.

이재명 미국은 조선업을 할 수가 없는 상태예요. 그런데 우리가 세계 최강

이에요. 그러니까 이것도 또 하나의 기회 요인이죠.

유시민 그래서 트럼프 쪽에서 해군 얘기를 하는 거예요?

이재명 그렇습니다. 이것도 잘 관리를 해야죠. 우리한테는 기회가 많이 열려 있어요. 다만 잘 관리하지 못하면 다 뺏기는 거죠.

13
중국, 러시아, 일본과의 관계

국익 위해 中과 관계 개선해야
日과도 경제-실익 위한 협력 필요

 이재명이 생각하는 외교의 원칙은 철저한 '실용주의'다. 영원한 적도 없고 영원한 동맹도 없다. 필요에 따라 적과도 손잡고, 동맹을 압박할 수도 있어야 한다.

 "원래 전쟁을 치르면서도 오른손으로는 주먹질하고 왼손은 서로 맞잡고 하잖아요. 세상일이 다 그렇죠"

 이런 맥락에서 그는 "한중관계를 개선해야 한다"고 말한다. "한중 양국은 경제적 연관성이 크고, 지리적으로 떨어지려고 해도 떨어질 수 없는 관계"라며 "한미 동맹을 존중하고, 한미일 협력 관계를 구축하면서도, 중국과의 관계는 잘 관리해야 한다"고 강조한다.

현재 극명한 대립 관계에 있는 중국과 미국도 마찬가지다. 겉으로 드러난 대립 관계와 함께 그 이면도 봐야 한다고 말한다. 겉으로는 전쟁 같은 대결 구도지만 꼭 그렇지만은 않다는 것이다. "사실은 미국과 중국도 서로 필요한 부분에서는 우리가 안 보이게 협력하고 있다"며 "협력과 대결이 일상적으로 함께 일어나고 있다"고 했다.

일본과의 협력도 중요하다고 강조했다. 그는 "일본의 행태에 대해 비판해야 하지만, 거시적으로는 협력해야 하는 게 맞다"며 "과거사·독도 문제는 싸우되 경제·문화적 측면은 분리해서 대응해야 한다"고 밝혔다. 동시에 중국, 러시아와의 관계 또한 중요하다고 했다.

이재명은 "우리와 중국 및 러시아 관계는 버리려고 해도 안 버려진다"며 "(중국, 러시아 관계는) 운명과 같아서 잘 관리해야 하고, (잘하면) 많은 이익을 얻을 수도 있다"고 말했다.

그러면서 한국이 이를 잘 이용해 외교의 중심에 서야 한다고 말했다. 그는 "외교사에서는 1강 국가가 2강 국가를 견제하기 위해 항상 3강 국가와 손잡아 왔다"며 "그렇기 때문에 우리의 몸값이 올라갈 수 있다"고 강조했다. 미중 갈등 국면에서 우리가 일정 부분 주도권을 잡을 수 있다는 것이다.

김용옥 교수도 같은 의견을 냈다. 그는 "중국은 얼마든지 우리와 동반자적 관계가 될 수 있다"며 "미국이 가장 두려워하는 것이 사실은 한중일 경제공동체"라고 했다. 그러면서 "우리가 중국을 품에 안고 일본과도 친하게 지내면서, 미국과 대등한 외교 관계를 만들어 나가면 미국도 우리를 지원할 수밖에 없을 것"이라고 강조했다. 특히 1강 국가와 2강 국가가 대립하고 있는 지금의 상황에서, 3강 국가로서 한국의 역할이 중요하다고 말했다.

또한 "우리나라처럼 러시아, 일본, 미국, 중국 등 모든 강국이 이렇게 직접 맞닿아 있는 나라는 없다"며 "그래서 지정학적으로 국제관계의 축 역할을 할 수 있다"고 진단했다.

―――

다음은 이재명, 유시민, 김용옥이 나눈 '중국, 러시아, 일본과의 관계'에 대한 대화 내용이다.

유시민 김용옥 선생님이 보시기에는 지금 한중 관계가 정상이 아니지 않나요? 이게 지난 몇 년간 무역에도 굉장히 큰 영향을 미쳐왔다고 저는 보는데요.

김용옥 지금 한국이 중국과 척질 아무런 이유가 없어요. 그리고 지금 혐중이라고 하는 건 완전히 지배층에서 고의적으로 지난 2~3년 동안 만들어 온 (말도 안 되는) 것입니다. 미국이 중국을 억압하는 정책을 쓰면서, 우리나라의 뉴라이트라는 사람들이 중국을 그렇게 적대시한 거예요.

그런데 기업 입장에서 중국이라는 시장 없이 어떻게 삽니까. 중국은 얼마든지 우리가 외교적으로 모든 면에서 충분히 동반자로 갈 수가 있고, 그리고 사실 미국이 제일 두려워하는 게 한중일 경제공동체라고요.

유시민 유럽연합보다 (규모가) 더 커진다고…….

김용옥 그러니까 우리가 지금 반일이나 친일, 이런 지저분한 걸 떠나서, 일본과도 우리가 친하게 지내야 됩니다. 그리고 중국을 우리 품 안에 안고 (미국과) 대등하게 외교적으로 만들어 나가면, 미국도 그렇게 함부로 (나올 수 없고) 우리를 지원하게 되죠. 그러니까 이런 거시적인 정책의 변화가 있어야지, 기업만으로는 안 돼요.

제가 왜 이런 얘기를 하냐면, 제가 김우중 대우그룹 회장하고 여러 번 세계 여행을 했잖아요. 그때도 (김 회장은) 경제라는 건 물류고, 서큘레이션(순환)이다. 그걸 돌리려면 나 같이 노동자처럼 부지런히 (세계를) 다니면서 계속 노력을 해야 된다. 가만히 앉아서 되는 게 아니다. 그러면서 어떻게든지 동아시아의 경제 블록을 만들어서 나가야 된다(라고 말했습니다). 그래서 김 회장이 그 당시 북한의 김일성도 가서 만나고 일본 수상도 만나고 계속 그런 노력을 했거든요.

유시민 이 문제 어떻게 보세요? 한중 관계, 한일 관계 이런 거요.

이재명 매우 어렵죠. 과거와 달리 최근에는 진영 대결이 너무 커졌습니다.

그런데 하나 우리가 참고할 것은, 미국이 중국에 대한 봉쇄 작전, 대결 작전을 펴는 것처럼 보이죠. 그럼 그게 전부냐? 사실은 우리가 안 보이는 곳에서 협력을 해요. 필요한 부분은 또 협력을 한다고요. 협력과 경쟁, 대결이 사실은 일상적으로 같이 이뤄지고 있어요. 그런데 우리한테는 대결 국면만 보이죠.

유시민 또 (미국이) 우리한테는 그것만 하라고 하죠.

이재명 그러나 어쨌든 대결 국면이 좀 강하기 때문에, 우리가 이걸 깨겠다는 생각을 하기는 실제로는 어려워요. 그래서 한미 간 협력은 저는 매우 중요하다고 보고요. 왜냐하면 우리의 토대와 비슷해요. 부인할 수 없어요.

또 일본과의 관계도, 저는 일본의 행태에 대해서 매우 비판적이긴 한데, 거시적으로 봤을 때 협력해야 하는 건 맞아요. (협력하지 않으면) 서로 손해예요. 그러니까 이건 좀 분리 대응을 하자. 과거사 문제, 독도 문제처럼 싸울 건 싸우고요. 그러나 경제적인 문제나 문화 사회적 측면까지 그럴 필요는 없잖아요. 원래 전쟁을 하면서도, 오른손으로는 주먹질하면서도 왼손은 서로 잡는 거 아니에요. 세상의 일이라는 게 그렇죠.

유시민 그것도 실용주의.

이재명 그것도 실용주의죠. 먹고사는 데 도움이 되니까요. 쓸데없이 모든 걸 싸우는 데 투입할 필요는 없죠.

중국이나 러시아 관계 역시 다 버릴 수는 없죠. 버리려고 해도 안 버려져요. 붙어 있는데 어떻게 할 거예요? 경제적 연관성이 너무 크고, 지리적으로 물리적으로 떨어질 수가 없어요. 운명이에요. 그래서 한미 동맹을 존중하고 한미일 협력 관계를 제대로 구축하면서도, 러시아와 중국과의 관계는 잘 관리해야 된다.

유시민 그런데 지금 상황은, 많은 전문가들 얘기로는 소련이 강대한 국가로 존속하고 있을 때는 미국이 소련을 지정학적 라이벌로 규정하고 소련을 고립시키기 위해서 중국을 활용했다는 거예요. 미중 관계가 그때부터 시작된 뒤 급속도로 좋아져서 잘 오다가, 중국 경제가 굉장히 발전하고 소련은 해체되면서, 중국 GDP(국내총생산) 규모가 미국의 약 70%에 다가서면서 미국이 중국을 새로운 지정학적 라이벌로 지목했다는 거예요. 한 10여 년 전부터.

그게 오바마 때부터인데, 트럼프 1기 때부터 본격화됐다는 거죠. 바이든도 그걸 이어갔고, 지금 트럼프 2기에 와서도 마찬가지고. 그래서 중국을 지정학적 라이벌로 규정하고, 이것을 봉쇄하는 노선을 쓰면서 아시아 태평양 쪽을 봉쇄선으로 조직하면서 한일 관계를 붙이려고 하고, 중국에 대한 혐오를 조장하고.

그런 눈에 안 보이는 작업들을 하고, 거기에 호응하면서 윤석열 정권이 내부에서는 혐중 정서를 조장하고 외교에서는 반중으로 가고. 이렇게 되면서 한중 무역 관계가 파탄 상태로 들어가면서 우리 경제에 외부 충격이 왔다는 분석이 많거든요.

이 압력은 계속될 텐데, 그러면 이재명 후보께서 국정 운영을 맡게 된다면, 이 문제에 관해서는 이런 지정학적인 대결 속에서도 어떻게 우리의 국익을 지켜가느냐가 어려운 과제가 될 것 같은데요.

이재명 그런데 대개 이건 답이 있어요. 왜냐하면, 일단 중국과 우리의 관계는 사실 중국의 책임도 상당히 있습니다. 중국하고 우리 관계가 정말 좋을 때가 있었어요. 한국과 중국의 관계가 정말 거의 밀월처럼 느껴지는…… 한국의 문화가 중국에 상당히 영향을 미치는 시기가 있었는데, 지금은 매우 적대적으로 변했죠.

그 계기 중 하나가, 중국의 안 보이는 경제 제재였어요. 우리 국민들이 그걸 느낀 거예요. 이게 하나의 큰 요인이 됐죠. 그 문제에 대해서는 중국의 책임도 없다고 할 수 없고, 어쨌든 이게 지금의 한중 갈등의 큰 원인이 된 것이기도 해요.

여기에 대해서는 해결책을 찾아야 할 텐데, 이 동아시아 세력 관계 문제는 말씀하신 것처럼 소위 외교사에서는 1강 국가가 2강 국가를 언제나 견제를 하는데, 2강 국가를 견제하는 방법은 3강 국가와 손잡는 거예요. 언제나 그랬어요.

유시민 우리 몸값이 올라갈 수 있는 거 아니에요?

이재명 바로 그거죠.

김용옥 우리나라처럼 러시아, 일본, 미국, 중국 등 모든 강국이 이렇게 직접 맞닿아 있는 나라가 없잖아요. 그러니까 지정학적으로 국제관계의 축 노릇을 할 수 있는 나라인데, 약소국이라도 외교 관계 책사들을 동원해서 (국제 관계를) 유지했단 말이에요.

유시민 합종연횡으로.

김용옥 지금 우리나라는 경제력으로도 10대 강국이고, 군사적으로도 7등 쯤 한다고요.

이재명 5위입니다. 5위로 올라갔어요.

김용옥 그러니까 외교적으로도 강국이 될 수가 있어요.

14
한·중·미 외교

적국과 협력하는 실익외교 배워야
한·미·일 동맹 위에 중·러와 협력해야

'이재명의 외교'를 설명하는 핵심 키워드는 '국익'과 '실용'이다. 이념에 좌우되지 않고, 오로지 국익의 관점에서 얻어낼 수 있는 것에 집중하는 전략이다. 그러나 무조건 버티는 게 아니라 우리가 갖고 있는 카드를 최대한 활용해야 한다고 말한다. 결국 그가 추구하는 외교는 '합리적 실용외교'다.

"먹고 사는 게 너무 급해졌습니다. 미국이 하는 것처럼 적국과도 협력하고, 동맹국에도 필요한 걸 요구해야 합니다. 우리도 국익을 중심으로 협상해야죠."

현재 미국의 외교 전략, 트럼프 행정부의 '실용외교'를 우리도 배우고 따라 해야 한다는 것이다.

"미국은 '중국 견제'라는 기본 전략을 위해 러시아는 물론이고 북한과도 관계를 개선하려고 합니다. 중국을 확실하게 포위하려는 것이죠."

한반도 주변 강대국의 '자국 중심' 이해관계 속에서 우리도 우리의 이익을 챙기는 철저한 실용외교가 필요하다는 것이다. 한·미·일 동맹 못지않게 러시아, 중국과의 협력도 중요하다는 것.

그는 "안보·경제적 측면에서 한·미·일 협력도 필요하고, 튼튼하게 유지해야 한다"면서도 "지금은 먹고사는 게 너무 급해졌다. 미국이 적국과도 협력하는 것처럼 우리도 국익 중심으로 판단하고 협상해야 한다"고 말했다.

이재명의 이런 입장을 반대편에서는 '친중 프레임'으로 공격한다. 2025년 5월 중앙선거관리위원회 주관 대선 후보 TV 토론회에서도 이준석 개혁신당 후보가 이재명의 이른바 '셰셰(중국어로 감사합니다) 발언'을 문제 삼았다. "너무 친중 아니냐"고 지적한 것이다.

이재명은 과거 "중국에도 '셰셰' 하고 대만에도 '셰셰' 하고, 다른 나라하고 잘 지내면 되지, 중국과 대만이 싸우는 게 우리와 무슨 상관이냐"고 '실익'을 강조하는 말을 했는데 이 발언을 이준석 후보가 이번 대선에 소환한 것이다.

이런 비판에 대해 이재명은 "국익을 중심으로 판단해야 한다는 취지의 말"이라며 "(이준석 후보의 비판은) 너무 단편적"이라고 반박했다.

미국 등 동맹국에게 요구할 건 요구해야 한다는 그의 주장이 현실적으로 어렵다는 지적도 있다.

이에 대해 이재명은 "미리 갖다 바칠 필요도 없고, 미리 굴종적으로 할 필요도 없고, 우리가 할 수 있는 역할을 가지고 협상해야 한다"고 밝혔다.

그러면서 "한미 동맹은 양국 모두의 필요에 의해서 만들어진 것"이라며 "한반도가 미국의 세계 전략에서 차지하는 중요성은 우리가 생각하는 것 이상이다. 한반도처럼 미국의 동북아 군사 전략에 유용한 지역이 없다"고 말했다.

우리도 미국에게 제시할 중요한 카드를 갖고 있다는 것이다. 그는 "무조건 버텨서 얻어내는 게 아니라, (우리의 카드를 지렛대 삼아) 얻어낼 걸 얻어내는 태도가 중요하다"고 덧붙였다. '합리적 실용외교'의 중요성을 강조한 것이다.

다음은 이재명과 삼프로TV 진행자의 '한·중·미 외교'에 대한 대

화 내용이다.

사회자 국내 산업의 가장 큰 현안은 트럼프 행정부의 관세정책인데요. 우리 정부는 지난 3년 이상 미국에 거의 올인하는 정책을 했단 말이죠. 그리고 미국은 물론이고 중국, 유럽, 아시아 등에서도 우리 산업정책에서 조타수가 없는 실정입니다. 미국은 저렇게 (우리에게) 압력을 가하고 있는데, 또 중국은 (우리 정부가 그동안 손 놓은 바람에) 잃어버린 상황인데, 이거 어떻게 해야 될까요?

이재명 몇 가지 논점이 있는데, 일단 미국은 관세 장벽을 쌓고 (미국 시장에 상품을) 공급하려면 미국에 와서 공장 지어라, 국내 일자리 늘리겠다. 이게 기본 전략이잖아요. 그래서 전 세계를 상대로 관세 장벽을 쌓는데…… (비유하면) 대학 입학시험이 어려워지는 거잖아요. 그런데 나만 어려워지는 건 아니에요. 모두에게 똑같이 어려워지는 거죠. 그러니 너무 좌절할 필요 없다. 같은 조건에서 똑같은 경쟁을 한다는 측면이 있고요.

두 번째는 우리가 트럼프 정부한테 배울 게 있다는 건데요. 꼭 배워야 되는 거예요. 트럼프 정부가 지금 동맹국, 적대국 관계없이 무조건 관세정책을 쓰잖아요. 또 필요하면 협력하잖아요. 러시아와도 관계 개선할 겁니다.

아마 미국은 세계 전략 때문에 중국을 견제한다는 기본 전략을 세운 것 같고, 그러려면 러시아와 손잡고 북한과도 관계를 개선해서 중국을 포위한다는 기본 전략이 있는 것 같아요.

그러면 우리가 배워야 할 것은, 지금 (러시아와 우크라이나가) 전쟁하면서 미국은 (우크라이나에) 무기 대주고 있는데요. 그러면 (우크라이나의) 적국인 (러시아는) 사실 (미국의) 적국 아닙니까? 그런데도 러시아와 휴전하고 협력하려고 하잖아요. 이런 걸 배워야 된다. 국익을 중심에 두고 필요한 건 한다. 국익 중심의 실용 외교라고 하는 측면에서 접근해야 된다.

모든 문제는, 그리고 우리가 교과서에서 배웠던 대로 국제사회에서는 영원한 적도 영원한 친구도 없다. 그러나 한미 동맹은 우리 대한민국 경제 발전에 매우 유용한 토대예요. 그걸 버리거나 훼손하면 안 되겠죠. 예를 들면 안보 측면에서 한·미·일 협력도 필요하죠. 그런 안보 체제는 튼튼하게 유지하고요.

한미 동맹도 경제 협력에 유용할 수 있죠. 완전히 무시할 수 없잖아요. 미국의 세계전략에서 한반도의 중요성은 우리가 생각하는 것 이상입니다. 세계지도를 놓고 보면, 한반도처럼 미국의 동북아 군사 전략에 유용한 지역이 없어요. 얼마나 좋은 지역입니까.

사회자 (미국과의 관세전쟁에서) 우리가 충분히 활용할 수 있는 게 있다는 말씀이신 거죠.

이재명 그러니까 한미 동맹의 필요성은 미국만 있는 것도 아니고 우리만 있는 것도 아니에요. 우리는 (한미) 동맹으로 특별한 관계가 있기 때문에 유럽과도 좀 다른 측면도 있는데, 그런 점들을 잘 활용해야 돼요. 그러니까 일방적으로 끌려다니는 것은 옳지 않아요.

지금 먹고 사는 게 너무 급해졌어요. 미국처럼 적국과도 협력할 건 해야죠. 러시아도 그렇고 다른 동맹국도 그렇고 필요한 건 한다. 관세도 결국 국익 중심으로 판단하고 협상해야죠.

사회자 다 상식적인 얘기인 것 같은데요, (미국을) 두려워하는 분들의 입장은 "야, 지금 우리가 그렇게 할 수 있겠냐? 미국이 저렇게 세게 나오는데 우리가 미국과 똑같이 '우리 이익은 이것이니 미국 당신도 이거 내놓으시오' 하는 게 가능하겠냐"고 얘기하는 분도 있거든요.

이재명 그러니까 미리 갖다 바칠 필요도 없고, 또 미리 저자세로 굴종적으로 할 필요도 없고, 우리가 할 수 있는 역할을 가지고 협상을 해야죠. 그렇다고 해서 앞뒤 없이 무조건 버틴다는 것도 아니고, '얻어낼 수 있다'가 아니라 '얻어낼 건 얻어내야 한다'는 태도로요.

사회자 중국과의 관계는 획기적으로 개선을 해야 될까요?

이재명 쉽지 않겠죠. 미중 관계는 세 가지 측면이 있어요. 미중 관계는 우리가 보는 것처럼 그냥 적대적이지만은 않아요. 겉으로 보기에는 대만해협을 둘러싸고 격렬하게 군사적으로 대립하는 것처럼 보여요. 실제 그렇겠죠. 그런데 이면을 잘 들여다보면, 대결도 있지만 경쟁하는 측면이 있어요. 존재를 인정하고 경쟁해요. 협력하는 측면도 있어요.

미국과 중국이 모든 투자를 끊고 다 철수하느냐? 아닙니다. 군사나 안보에 훼손이 안 되면 협력해요. 세상일이 다 그런 거죠. 우리는 한미 간 특별한 관계를 무시할 수 없으니 그 범위 내에서, 일부러 관계를 악화시킨다든지 할 필요까지는 없지 않냐, 그런 생각입니다.

사실 외교 문제는 얘기하기가 매우 불편한 게 있습니다. 말 잘못하면 큰일 날 수가 있어서…… 생각이 있어도 공개적으로 얘기하기는 애매한 부분이 있죠. 외교에는 전략적 모호성이라고 하는 게 매우 중요해요. 막 얘기하면 사실은 안 됩니다.

15
산업정책과 관세전쟁

관세전쟁에 기업-정부-국가 연합 필요
산업에 응용 AI 적용해 경쟁력 키워야

 우리는 트럼프 행정부가 촉발한 글로벌 관세전쟁에 어떤 전략으로 대응해야 할까? 저성장에 발목 잡힌 한국경제와 산업을 살리기 위한 묘수는 있는 걸까?

 최근 국내 기업이 당면한 최대 과제인데 이재명은 이 문제에 어떤 답을 갖고 있을까?

 그는 먼저 정부와 기업, 그리고 이웃 국가와의 협력이 중요하다고 말한다. 이해관계가 맞는 주체들이 협력하면 위기에 효율적으로 대응할 수 있다는 것이다. 또 경제 살리기의 중심은 기업이고, 정부는 기업활동을 뒷받침하는 역할에 충실해야 한다고 했다.

"경제 살리는 일의 중심은 바로 기업이고, 과거처럼 경제·산업 문제를 정부가 제시하고 끌고 가는 시대는 지났습니다. 민간의 전문성과 역량을 믿고 정부가 충실히 뒷받침하는 그런 방식으로 가지 않으면 이 어려운 상황을 이겨내기 어렵습니다."

이재명의 답은 명확하다. 기업이 먼저, 정부는 그다음이라는 것이다.

관세전쟁에 정부와 기업, 특히 한·일 공동대응 필요

이재명은 글로벌 관세전쟁에 대한 대응 전략으로 '연합'이 중요하다고 했다. 국가와 기업이 따로 대응하는 것보다 이해관계가 같은 주체끼리 공동으로 대응하는 게 효율적이라는 설명이다.

그는 "지금 미국의 통상·외교정책이 매우 거칠기 때문에, 각 국가와 기업들이 각자 대응하면 각개 격파당할 가능성이 크다"며 "기업과 정부가 공통의 전략을 수립해서 함께 대응해야 하고, 일본 등 이해관계가 비슷한 국가들과도 공동 대응해야 한다"고 말했다.

이와 관련해 최태원 대한상공회의소 회장(SK그룹 회장)은 2025년 5월 8일 '경제5단체장과 이재명 후보 토론회'에서 "일본과의 경제 연대를 모색해야 한다"고 제안했다. 미국과 중국 등 큰 고래들이 싸우는 데 휘말리지 않고 버텨내려면 한국도 유럽처럼 일정 규모를 갖춘 경제 공동체를 만들어야 한다는 주장이다.

최태원은 현재 글로벌 무역 전쟁을 "우리보다 훨씬 경제 규모가 큰 곳에서 규칙을 만들고, 우리는 그 규칙을 따를 수밖에 없게 된 상황"으로 진단했다. 이어 "이런 상황에서 한국이 새로운 경제 성장 동력을 만들려면 이웃인 일본과의 경제 연대를 모색하는 것이 필요하다"고 말했다.

특히 일본과의 경제 협력은 "단순한 협조 정도가 아닌 유럽연합(EU)과 같은 경제 공동체를 생각하고 있다"고 했다. 최태원은 "현재 대한민국 국내총생산(GDP)이 2조 달러에 못 미치는데, 일본과 공동체를 만들면 7조 달러의 경제 권역으로 키울 수 있으며 일본과 저성장·고령화 등의 현안 해결 비용을 공유해 저비용 국가를 실현할 수도 있다"고 설명했다.

이재명은 최태원의 제안에 대해 "연합 대응 체계가 필요하다는 점에 대해서는 전적으로 공감한다"면서도 '한·일 경제 공동체'에는 구체적으로 답변하지 않았다. 트럼프 정부의 관세정책에 맞서 한일 양국이 협력해야 한다는 점에는 공감하지만, 경제 공동체 등 구체적 협력 방안에 대해서는 말을 아낀 것이다.

무역과 외교는 동전의 양면…실익 추구해야

이재명은 산업정책과 관세전쟁과 함께 외교의 중요성도 강조한다.

그는 "무역과 외교는 동전의 양면과 같은데, 지금 우리 외교 환경이 매우 나빠졌다"며 "정부가 외교·통상정책을 통해 경제 영토를 넓히는 것이 중요하다"고 밝혔다.

그러면서 "외교 또한 결국 대한민국의 이익이 핵심 목표가 돼야 한다"며 "진영 논리나 감정, 이념에 경도돼 갖고 있던 시장을 잃거나 새로운 시장을 개척하는 기회를 버려서는 안 된다"고 말했다.

이와 같은 맥락에서 이재명은 과거 노태우 정권이 북방외교를 추진한 데 대해 "훌륭한 일"이라고 평가했다. 그는 "물건을 파는데 공산국가에 팔면 어떠냐"며 "(노태우 정부 때) 러시아, 중국과 외교 관계를 수립하고 거대한 시장을 열어 우리 기업들이 많이 성장하는 길을 텄다"고 말했다.

추격자 아닌 선도자로…재생에너지·응용AI 산업 강화

한국 산업이 나아가야 할 방향에 대해서는 "(트랜드를 따라가는) 추격자가 아닌 (트랜드를 이끄는) 선도자가 돼야 한다"며 재생에너지 산업과 응용 인공지능(AI) 경쟁력을 강화해야 한다고 말했다.

이재명은 국내 기업이 글로벌 경쟁력을 갖추려면 'RE100(2050년까지 기업이 사용하는 전력을 태양광, 풍력 등 재생에너지로만 충당한다는 목표의 국제 캠페인)' 및 탄소 국경세(자국보다 이산화탄소 배출이 많은 국가에서 생산·수입되는 제품에 부과하는 관세)에 대응해야 한다며, 재생에너지 산업의 육성이 중요하다고 강조했다.

또 "국내에서 재생에너지 생산을 할 수 있다면 수입 에너지 대체가 가능하다"며 "많은 일자리도 생길 것이고, 지방의 인구 소멸 위험 지역에 새로운 소득원도 생길 것"이라고 덧붙였다.

AI 등 첨단 산업에 대해서는 지원을 아끼지 말아야 한다면서도 "챗GPT와 같은 생성형 AI를 우리가 만들어서 세계와 경쟁할 수는 없지만 우리는 응용 AI에 강점이 있으니, 이를 산업에 적용하고 기술 수출을 하는 등의 전략이 중요하다"고 말했다.

이 과정에서 정부 역할의 중요성도 강조했다. 그는 "기업 역할도 중요하지만, 결국 정부의 의지와 기획이 매우 중요하다"며 "정부가 어떤 방향으로 산업 경제를 이끌어갈 것인지 명확한 방향을 세워서 세부·장기적 기획을 해야 한다"고 말했다.

또 "정치인들이나 관료들이 아무리 똑똑해도 그들은 공급자 입장이기 때문에 수요자(기업) 입장에 완벽하게 다가가기 어렵다"며 "결국은 행정도 공급인데, 이 행정을 수요자의 입장에서 설계하고 집행하는 것이 중요하다"고 했다.

다음은 이재명과 경제5단체장의 간담회 중 '산업정책과 관세전쟁'에 관한 내용이다.

이재명 우리가 해야 할 가장 중요한 일은 결국 민생을 살리는 일이고, 민생을 살리는 일의 핵심은 바로 경제를 살리는 일입니다. 경제를 살리는 일의 중심은 바로 기업이고, 과거처럼 경제·산업 문제를 정부가 제시하고 끌고 가는 시대는 이미 지났습니다. 이제는 민간 영역의 전문성과 역량을 믿고 정부가 충실히 뒷받침해 주는 그런 방식으로 가지 않으면 이 어려운 상황을 이겨내기 어려울 것이고요.

특히 우리는 앞으로 추격자가 아니라 선도자의 길을 가야 한다고 생각합니다. 지금까지는 빠르게 베껴서 추격을 해왔죠. 그러나 이제는 그것만으로는 우리의 위치를 지키기 어렵겠다는 생각이 듭니다. 남들보다 반 발 앞서서 무한한 기회를 노리는 선도자가 되도록 노력해야 하고요. 저는 여러 영역에서 그런 가능성이 있다고 생각합니다.

제조업 같은 전통 산업에 대해서는 산업 전환을 충실하게 이뤄내야 하겠고, 거기에는 당연히 정부의 역할이 중요하겠죠. 그러나 거기에 더해서 새로운 산업 영역의 성장 동력을 만들어내고, 그 속에서 기회의 공정, 그리고 결과와 배분의 공정을 통해서 양극화도 완화해 가면 지속적인 성장의 길을 찾아낼 수 있을 것이라고 확신합니다.

오늘 여러분들의 좋은 의견을 많이 듣도록 하겠습니다. 저는 정치를 하면서 이런 생각이 참으로 많이 드는데요. 정치인들이나 관료들이 아무리 똑똑해도 그들은 (행정의) 공급자 입장에 있기 때문에, 수요자의 입장에 완벽하게 다가가기가 어렵습니다. 결국은 행정도 공급인데, 이 행정을 수요자의 입장에서 설계하고 집행하는 게 정말로 중요한 것 같아요.

최태원(대한상공회의소 회장, SK그룹 회장) 후보님께 제언을 드리고 싶은 내용이 있는데요. 지금 대한민국이 꼭 성장이 필요하다는 것입니다. 그러면 성장을 어떻게 달성하면 되겠느냐는 질문이 따라오는데요. 실제로 저희의 성장 동력은 현실적으로 보면 상당히 떨어져 있는 상황입니다. 그러니까 지금껏 하던 방식대로 해서는 성장을 계속해 나갈 수 없다고 생각합니다.

여태까지 써보지 않았던 새로운 성장 방법을 쓰지 않으면, 대한민국의 성장을 단시간에 일으키는 것은 어려운 과제가 될 것입니다. 그래서 대한상의에서는 세 가지의 새로운 방법론을 제언드리도록 하겠습니다.

첫 번째는 대한민국이 갖고 있던 특성 중 하나인데요. 경제계는 전부 독립적인 형태를 띠어 왔습니다. 그러니까 무엇이든지 대한민국 안에서 다 생산하는 등 완벽하게 독립적인 경제 체제를 만들어 왔습니다. 이건 상당히 좋은 일이었고, 대한민국이 여태까지 이렇게 눈부시게 성장하는 데 아주 큰 주춧돌이긴 했습니다.

하지만 지금 미중 간의 갈등과 같이, 우리보다 훨씬 경제 규모가 큰 곳에서 무엇인가 규칙을 만들고, 우리는 그 규칙을 따를 수밖에 없게 된 상황이 우리를 괴롭게 만들고 있습니다. 따라서 이것을 좀 완화시키거나, 우리가 새로운 성장 동력을 만들기 위해서는 다른 나라와 연대할 필요성이 있다는 말씀을 드립니다.

현재로서는 우리의 이웃인 일본과의 경제 연대를 모색하는 것이 필요하다는 제언을 드립니다. 경제 연대라는 게 그냥 단순한 협조 정도가 아니라, EU(유럽연합) 같은 경제 공동체를 생각하고 있습니다. 이렇게 하면 현재 2조 달러가 안 되는 대한민국 GDP를, 일본과 합하게 되면 거의 7조 달러에 달하는 경제 권역으로 발전시킬 수 있습니다.

'한일 경제 연대'가 성사되면, 한일 경제 연대의 1% 성장이 과거 한국의 2~3% 성장보다 훨씬 더 큰 결과를 만들어 낼 것이라고 생각합니다. 따라서 경제 규모를 크게 만드는 방법이 우리에게 필요하다는 제언을 드립니다.

또 하나는 저비용 구조입니다. 한국과 일본 모두 저성장이나 고령화, 저출산 문제 등을 해결하기 위해서 많은 비용을 들여야 하는데, 그 비용을 공유한다면 상당히 절약할 수 있어서, 저비용 국가의 좋은 단초가 됩니다.

두 번째는 내수 진작입니다. '먹사니즘'과 '잘사니즘'을 추진하려면 내수의 기반이 필요한데, 이제는 어쩔 수 없이 저출산 때문에 해외에서 인구를 유입해야만 하는 상황입니다. 우리는 가능하면 고급 두뇌가 필요합니다. 대한상의에서 제시하는 목표는 500만 명 정도의 해외 고급 인력 유입입니다. 그래야만 우리의 성장 동력을 만들어낼 수 있을 만큼의 소비가 늘어날 수 있게 됩니다. 따라서 고급 두뇌가 많은 소득을 바탕으로 소비를 해야만 대한민국이 제대로 성장할 것이라는 말씀을 드리고요.

마지막 세 번째는 소프트 파워입니다. 여태까지는 주로 우리가 상품을 수출하는 전략으로 일관해 왔는데, 미래에는 소프트 파워가 더 많이 필요합니다. 따라서 K-컬처와 같은 것들을 좀 더 산업화할 방법이 필요하다는 생각입니다. 현재로서는 상당히 좋은 IP(지식재산권)가 유행이 되고 트렌드를 만들고 있지만, 아직 산업화 단계까지는 가지 못하고 있다는 생각이 듭니다.

또 하나는 해외 투자입니다. 수출만으로 경제 성장을 이끌어내기 어렵다면 우리가 본원적 수지를 만들어야 한다고 생각합니다. 일본을 보면 실제로 수출에서 얻는 수익보다도 훨씬 더 큰 부분이 본원적 수지입니다. 단지 수출 하나만 믿는 것보다는 해외 투자를 통해서 본원적 수지도 같이 성장시키면 어떨까, 하는 제안을 드립니다.

이재명 최태원 회장님의 생각은 어쩜 저와 그렇게 똑같습니까? 전적으로 공감하고요. 이제는 새로운 영역을 발굴해야죠. 우리는 그럴 역량이 됩니다. 기존 산업들이 한계에 봉착한 건 당연하죠. 우리가 한때 경공업에 상당히 많이 의존했다가 중화학 공업으로 바뀌어 왔죠. 그리고 그다음에 반도체, 자동차 산업으로 또 전환됐고요. 앞으로는 모두가 예측하는 것처럼 AI를 중심으로 하는 첨단기술 산업으로 대대적인 전환이 일어나지 않을까 싶어요.

그리고 제가 각별히 관심 갖는 영역은 대한민국이 가지고 있는 구조적인 심각한 문제와 관련한 부분인데요. 아마 앞으로 여러 기업들이 당면하게 될 과제이기도 합니다. 재생에너지 산업이죠.

우리가 엄청난 양의 화석연료를 수입하는데, 실제로 화석연료에 의존해서 기업 활동을 하게 되면 RE100이나 탄소 국경세 등의 문제 때문에 기업 경쟁에 심각한 문제가 생길 수 있을 겁니다. 그래서 재생에너지 산업을 어떻게든 육성해야 하고요.

사실 재생에너지 산업 자체뿐만 아니라 재생에너지 생산도 국내에서 상당 부분 대체할 수 있다면 에너지 수입 대체도 가능하겠죠. 많은 일자리도 생길 거고요. 제가 각별히 관심 가지고 있는 지방의 인구 소멸 위험 지역에 새로운 소득원도 생길 수 있을 겁니다. 새로운 영역이라고 생각해요. 관련 산업들도 아마 많이 발전할 수 있지 않을까……

지난 3년을 보내면서 제가 제일 안타깝게 생각하는 게 재생에너지 산업이 정체되거나 위축된 것인데요. 앞으로 이걸 복원하는 데 상당한 에너지가 필요할 텐데, 그럼에도 불구하고 새롭게 시작해야 할 영역이라고 생각합니다.

저는 또 하나의 영역이 문화 산업이라고 생각해요. 대한민국이 가지고 있는 강점 중의 하나가, 문화적 깊이가 매우 깊다는 거죠. 그래서 이걸 하나의 산업으로 (만드는 게 중요하다고 생각합니다). 지금은 K-팝이나 K-컬처, 한류라고 하는 게 그냥 '한국 멋있다, 한국 한번 가 봐야지' 이런 수준이라면, 앞으로는 이걸 하나의 산업으로 (육성해야 합니다).

보니까 연관 산업들이 상당히 많더라고요. 뷰티 산업도 그렇고, K-푸드도 그렇고, 영화나 이런 건 말할 것도 없고요. 아마 앞으로 우리가 관광 산업에도 상당한 강점이 있지 않을까 싶어요. 전 세계인이 볼 때 대한민국은 '매우 희한한 나라' 그렇게 보여질 가능성이 있습니다.

지금까지는 K-팝이니 K-푸드니 이런 문화였다면, 2024년 12월 3일을 기점으로 현대 민주주의의, 직접 민주주의의 성지와 같은 곳으로 보여질 수 있다고 생각합니다. 이것도 문화의 최정점이라고 할 수 있죠. 이런 강점들을 살려서 문화 산업을 대대적으로 육성할 필요가 있겠다는 생각이 들었습니다.

그 외에도 우리가 할 건 많죠. 우주항공 산업 분야도 그렇고요. 특히 바이오산업도 우리한테 새로운 기회 요인이라는 얘기도 있어요. 저는 실제로 그렇게 생각합니다. 지금 공대를 안 가고 의대를 너무 많이 가서 문제인데, 그것도 우리가 새로운 하나의 자원으로 활용하면 되겠죠. 그래서 '바이오산업 자원은 매우 많고 기회도 많지 않냐'는 얘기에 저도 동의합니다.

그런데 이건 기업들의 역할도 중요하지만, 결국 정부의 의지와 기획이 매우 중요하다고 생각해요. 정부가 어떤 방향으로 산업 경제를 이끌어갈 것이냐에 대한 명확한 방향을 가지고 세부적 기획, 장기적 기획들을 해 나가야 되지 않을까……. 물론 그에 부합하는 투자와 지원도 있어야 하겠죠. 새로운 먹거리, 새로운 성장 동력을 발굴해야 한다는 것은 누구도 부정하지 않을 것 같습니다.

내수 진작을 위해서 3D(위험한 육체노동 등 일반적으로 기피하는 경향이 있는 업종) 영역의 외국인 노동자들이 주로 유입되고 있는데, 고급 외국인 인력의 이민 또는 유입을 장려할 필요가 있다는 점에 저도 동의합니다. 그런데 이게 국내 고용 문제와 충돌하기 때문에, 사실 어느 정도의 공감대가 형성될 필요는 있지 않을까 싶습니다. 그렇지만 저출생에 따라 인구가 감소하는 추세로 들어갔기 때문에 불가피하다는 생각도 듭니다.

저는 연합 대응 체계가 필요하다는 점에 대해서도 전적으로 공감합니다. 지금 미국의 통상·외교정책이 매우 거칠고, 그래서 우리가 대응할 때 각 국가와 기업들이 따로따로 대응하면 전부 다 각개 격파 당할 가능성이 많죠. 국내에서 당연히 연합해야 하고요. 기업과 정부도 연합해야 된다. 힘을 합쳐야 된다. 그리고 공통의 전략을 수립해서 함께 시행해야 된다는 점은 당연하고요. 또 이해관계가 비슷한 인근 국가, 예를 든다면 아까 말씀하신 대로 일본과 같은 국가들과 공동 대응이 필요하다는 점도 공감합니다. 미리미리 준비를 해야 할 것 같습니다.

윤진식(한국무역협회 회장) 지난해 우리나라는 사상 최고의 수출 실적을 기록하며 무역 강국으로서의 저력을 입증했습니다. 그러나 이러한 성과를 지속하기 위해서는 아직 풀어야 할 과제들이 남아 있습니다. 공급망 불안, 보호무역 강화 등 통상 환경의 불확실성이 커지는 상황에서 수출 기업들이 안정적으로 시장을 넓혀 갈 수 있도록 새 정부의 전략적 대응과 적극적인 지원이 절실합니다.

이에 무역협회는 후보님께 다음과 같은 두 가지 정책 제언을 드리고자 합니다. 첫째는 국익과 실익을 기반으로 한 능동적이고 유연한 통상 전략입니다. 최근 주요국이 자국 중심의 통상 질서를 강화하면서 우리 기업들은 예상치 못한 규제와 수출 제한에 잇따라 직면하고 있습니다. 아시다시피 그중에서도 가장 시급한 과제는 미국 정부의 관세정책에 대한 대응입니다.

저희 무역협회가 최근 조사한 바에 따르면, 미국의 관세 조치로 인해서 수출 기업 4곳 중 3곳이 계약 취소, 관세 전가 등 직접적인 피해를 입은 것으로 나타났습니다. 특히 자동차와 자동차 부품, 전기 및 전자 등 일부 업종에서는 경쟁국보다 불리한 관세율이 적용될 경우 시장 경쟁력이 급격히 약화될 수 있다는 우려가 큽니다. 여기에 2025년 4월 유예됐던 상호 관세 조치가 시행될 경우, 수출 현장의 혼란은 피할 수 없을 것입니다.

이러한 상황을 고려해서 민관을 아우르는 전방위적 대미 아웃리치(접촉) 활동을 통해서 우리 산업계의 입장이 적극 개진되도록 해야 합니다. 무엇보다도 통상이 산업정책, 기술, 안보까지 포괄하는 시대인 만큼 기업과의 긴밀한 소통을 바탕으로 정책을 수립해 주시길 바랍니다.

두 번째는 중소 수출기업의 역량 제고를 위한 실효적인 지원을 아끼지 말아야 한다는 것입니다. 전체 기업의 99%를 차지하는 중소기업은 수출의 기반이자 혁신의 원천입니다. 그러나 이들이 마주하는 해외 인증, 통관 등 비관세 장벽뿐만 아니라 자금, 인력 등 구조적 제약은 여전히 큰 진입 장벽입니다. 지난해 한국무역협회가 조사한 200여 건의 무역업계 애로 중에서 절반 이상이 금융, 노동, 물류 분야에 집중됐습니다. 이에 성장 가능성이 높고 기술력을 갖춘 수출 유망 중소기업을 선제적으로 발굴하고 육성할 수 있는 방안이 마련되길 바랍니다. 이러한 기업들이 미래 수출을 이끄는 글로벌 기업으로 도약할 수 있도록 성장 사다리를 구축하는 데 후보님의 각별한 관심과 지원을 부탁드립니다.

새 정부가 이러한 현장의 목소리를 정책에 충실히 반영해 주신다면, 우리 수출 기업들은 글로벌 무대에서 더 큰 도약과 지속 가능한 성장을 이뤄낼 수 있을 것입니다.

이재명 대한민국은 수출 국가인데, 수출 문제가 심각하죠. 최근에는 국제무역 환경이 나빠지니까 우리 기업들이 매우 어려운 상황인 것 같습니다. 특히 무역과 외교는 거의 동전의 양면 같은 거죠. 우리 외교 환경이 매우 나빠졌어요.

저는 그런 생각을 합니다. 외교 역시도 결국 우리 국민의 더 나은 삶, 우리 대한민국의 이익이 핵심 목표가 돼야 한다. 그래서 저는 계속 국익 중심의 실용외교를 해야 한다고 생각하고요. 우리가 진영 논리나 감정, 이념에 경도돼서 가지고 있던 시장을 잃거나 새로운 시장을 개척할 기회를 버릴 필요가 없지 않습니까? 저는 보수 정권이 했던 가장 위대한 일 중 하나는, 북방 외교를 개척한 것이라고 생각합니다. 노태우 전 대통령 때 만든 거 아닙니까?

얼마나 훌륭한 일입니까? 물건 파는데 공산국가에 물건을 팔면 어떻습니까? 그 길을 열었잖아요. 러시아, 중국과 외교관계를 수립하고 정말 북한, 중국과 러시아라고 하는 엄청난 거대 시장을 열어서 우리 국내 기업들이 많이 성장했잖아요. 저는 계속 그 길로 가야 된다고 생각합니다. 물론 우리가 한·미·일 안보 외교 협력 해야죠. 거기에 중심을 두되 한쪽을 버릴 필요는 없지 않냐는 것입니다. 그래서 정부가 통상과 외교정책을 통해서 경제 영토를 넓히는 일, 이건 정말 앞으로도 해야 할 중요한 일이라고 생각합니다.

———

다음은 '경제 유튜버들과 휴면개미 이재명의 경제 토크' 중 '산업정책과 관세전쟁'에 대한 내용이다.

이재명 그런데 우리가 가진 (외교 협상) 카드를 얘기하기 전에, 트럼프의 진짜 카드가 무엇인지 봐야죠. 일반 관세 10%에다가 개별 관세 25%까지 더하면 최하 35%인데, 모든 수입품에 35% 관세를 부과하면…… 트럼프가 생각하는 건 '장벽을 높이 쌓으면 이 장벽을 넘어올 때 세금을 많이 받을 수 있어. 그럼 그 장벽을 넘어오기 싫으면 국내에 들어와서 공장을 세우겠지. 그러면 일자리가 생겨' 이 생각을 단순하게 한 것 같아요.

그런데 세상일이 그렇게 단순하지 않죠. 엄청나게 물가가 오를 거고, 국내 생산 기반을 아무리 만들려고 해도 잘 안 되죠. 그렇게 쉬우면 남들이 왜 안 했겠어요? 결국은 미국이 고립될 가능성이 많죠. 물가가 오르고, 일자리는 생각만큼 안 늘고, 국제적으로 고립되고…… 미국의 소프트 파워, 그러니까 미국의 국가 신뢰도가 다 훼손되고 있잖아요. 나중에는 돈과 무력밖에 안 남을 텐데, 그거는 미국이 꿈꾸는 미국의 모습이 아니거든요. 이걸(관세정책) 계속 밀어붙인다고 해서 생각대로 되지 않을 거다.

그런데 우리는 사실 지금 맨 앞에 가면 안 돼요. 매를 들고 때리려고 기다리는데, 이럴 때는 늦게 가야 된다.

전인구(유튜브 '전인구경제연구소' 운영자) 뒤에 맞는 애가 조금 덜 아픈 것처럼요?

이재명 그 말이 맞는 거예요. 힘이 셀 때 맞으면 안 돼요. 그리고 첫 번째로 가면 시범 케이스가 되는 수가 있죠. 지금 미국이 동맹국들과 먼저 협상을 해서 결과를 내겠다고 발표했잖아요. 그런데 일본이 뒤로 빠졌죠. 우리는 선두로 나가려고 하다가 지금 약간 멈칫하는데, 어쨌든 이 상황 자체를 너무 서두르지 않는 게 일단 중요할 것 같고요. 두 번째는 관세를 올리는 게 미국의 목표가 아니잖아요. 다른 걸 얻기 위해서 관세를 던진 거거든요. 그렇기 때문에 뭘 요구하고 있는 것인지를 봐야죠. 그런데 그건 협상을 해봐야 알겠죠. 대충 짐작되는 건 몇 가지가 있죠. 그럴 때 우리도 몇 가지 카드가 있어요. 조선업 같은 건 우리가 카드로 언급할 만한 거죠. 미국이 필요하니까. 아니면 화석연료, 특히 LNG(액화천연가스) 수입 문제가 있거든요. 미국이 결국 무역 적자를 없애자고 (관세 전쟁을) 하는 거니까, (우리가) 미국에서 수입해 주면 되는 거죠.

그런 것들을 이번에 복합 딜을 해야죠. 그리고 기업들이 꼭 개별적으로 미국하고 협상하면 안 됩니다. 국내 기업들과 정부가 연합해야 합니다.

지금 미국은 각 나라별로 각개 격파를 하고 있는 중이거든요. 각 나라 안에서도 개별 기업 단위로 각개 격파하고. 또 사안별로 각개 격파를 합니다. 그런데 우리가 이렇게 각개 격파당하면 안 되고, 기업과 정부가 연합하고, 기업끼리도 연합하고. 비슷한 입장에 있는 국가끼리도 공동 교섭을 하든지, 입장 정리를 같이 해야 하지 않냐는 것입니다.

미국이 엄청 싫어하긴 할 텐데, 묶어서 하는 게 유리한 경우가 있죠. 이것도 결국은 미국이 (관세 협상을) 원하는 걸 다 얻을 만큼 일방적으로 관철하기는 쉽지 않을 겁니다. 그리고 쉽게 넘어가면 안 되고요. 우리 국익도 있는 거고, 우리 기업들의 시장 문제도 있는 거고, 또 경쟁력 문제도 있어서요.

다음은 이재명과 삼프로TV 진행자의 '산업정책과 관세전쟁'에 대한 대화 내용이다.

사회자 지금 심각한 문제가 대기업, 중견기업 할 것 없이 생존이 위협받고 있기 때문에 미국이나 유럽, 다른 아시아 권역으로 (생산 시설이) 나가고 있고, 그렇게 되면 우리나라에 무슨 산업이 남을까……. 지금 반도체뿐만 아니라 2차전지도 문제고, 하물며 화학 업체도 마찬가지입니다. 그래서 이런 산업정책에 대해서 굉장히 큰 틀의 새로운 패러다임이 나와야 할 때가 아닌가, 하는 생각이 드는데요.

이재명 맞는 말씀이죠. 철강, 화학 부문은 우리가 규모의 경제를 가지고 세계 시장을 장악해 왔는데, 지금 중국이 더 큰 규모로 경쟁을 해오는 데다 기술도 우리가 특별할 게 없기 때문에 이길 수가 없어요. 그래서 경쟁에서 밀리고 있는데, 지금 이 상태에서 규모를 더 키운다고 해서 경쟁을 할 수가 없습니다. 결국은 새로운 길을 찾아야죠. 예를 들면 첨단 제품을 만든다든지. 일본의 후지필름은 필름 산업이 망하고 나서 필름을 안정화하는 데 쓰는 화장품 원료 있잖아요? 그걸로 완전히 사업 분야를 전환해서 엄청나게 성공했잖아요. 이제 그런 길을 새롭게 찾아야 한다는 것입니다.

연구개발도 지원하고요. 정부가 R&D 지원이나 노동자들의 재교육을 지원해야죠. 그리고 첨단 산업을 지원해야죠. 그중에 제일 중요한 게, 제조업이 활성화돼야 일자리가 생겨요.

사회자 그렇습니다.

이재명 그런데 이 제조업이 과거처럼 대량 생산 방식에 의존해서는 중국을 이길 수가 없습니다. 그럼 어떻게 이기냐…… 결국은 인공지능 패턴 분석을 통한 자동화, 이 길로 가야 한다.

사회자 그것도 일자리 안 생길 것 같은데요.

이재명 그거는 좀 달라요. 이전에도 원시적인 형태인 스마트 공장이라고 있었죠. 문재인 정부 때 스마트 팩토리로 자동화를 했는데, 고용이 더 늘더라는 거예요. 관리 인력이 더 필요해지고, 생산성은 엄청나게 올라가는 거죠.

사회자 인력 구조의 고도화가 일어나죠.

이재명 그렇죠. 교육을 하니까. 그런데 지금 반도체나 이런 최첨단 산업들은 실제 고용이 거의 없죠. 그래서 제조업의 전환이 필요하다. 기업들은 마인드도 바꿔야 하고, 투자도 해야 하고, 교육도 해야 하고, 노동자들 재교육도 시켜야 하고. 어쨌든 그런 부분에서 우리 정부가 할 일이 있는 거죠.

사회자 첨단 산업 중에는 지금 AI 쪽이나 로봇, 반도체 이쪽이 지금 제일 뜨겁고, 전 세계적인 패권 경쟁이 제일 많이 일어난 분야인 것 같은데, (우리가 어떻게 경쟁을) 할 수 있습니까? 우리가 지금 규모로 따져 보면 도저히 미국, 중국이랑 게임하기는 어려울 것 같고요.

이재명 그러니까 챗GPT 같은 생성형 AI를 우리가 만들어서 경쟁하는 게 안 된다는 거예요. 우리가 할 수 있는 건 응용 AI. AI를 이용해서 산업에 적용하는 거죠. 우리가 그런 걸 잘한다.

예를 들어 돼지 농장에서 돼지 무게를 달아야 하잖아요. 그런데 지금 카메라로 돼지 사진을 찍으면 무게가 바로 나온대요. 어떻게 나오냐? 패턴이죠. 오차가 몇백 그램밖에 안 난다는 거예요. 그러면 돼지를 밀어 넣어서 저울에 올리고, 이런 번거로운 과정을 안 거쳐도 되는 거죠. 그러니까 이런 것들을 개발해서 우리가 제조 산업 자체에도 쓰지만, 필요하면 기술 수출도 할 수 있고 그런 방향으로 가야 되는 거 아니냐는 거죠. 생각을 새롭게 해야 되겠죠.

16
농업과 양곡법

대체 작물 지원 제도 도입으로
쌀 초과생산 막아 가격 유지해야

　이재명은 식량 안보와 농민 보호를 위해 양곡관리법 개정을 재추진하겠다는 입장을 분명히 했다.
　양곡관리법 개정안은 이재명이 더불어민주당 대표 시절 내걸었던 '1호 민생법안'이다. 쌀값 안정을 위해 필요한 경우 정부 등이 초과 생산된 쌀을 의무적으로 매입하게 하는 것이 골자다.
　민주당은 2023년 3월과 2024년 11월 두 차례 양곡법 개정안을 국회에서 통과시켰지만 2023년에는 윤석열 당시 대통령이, 2024년에는 한덕수 대통령 권한대행이 거부권을 행사하면서 입법이 무산됐다. 막대한 재정 부담이 우려된다는 게 거부권 행사의 주된 이유였다.

2023년 양곡관리법 개정안이 국회에서 통과됐을 때 김미애 당시 국민의힘 원내대변인은 "국가 농업예산이 쌀 의무매입에 매년 1조 원 넘게 투입될 가능성이 크다"며 "한정된 농업예산의 효율적 사용을 막고 미래 농업 투자를 어렵게 하는 반농업적 법안"이라고 주장하기도 했다.

이재명은 양곡관리법과 함께 대체 작물 지원 제도 등을 도입하면 정부의 재정 부담을 줄일 수 있다고 설명했다. 쌀 생산량을 줄여나감으로써 쌀 가격 하락의 근본적인 원인을 제거하겠다는 것이다.

그는 "쌀 경작 면적을 줄이고 그 땅에 밀이나 옥수수, 콩 등 대체 작물을 심게 해 쌀 생산량을 줄여나가도록 해야 한다"며 "대체 작물을 심어서 손해 나는 만큼 정부가 농가에 보조금 등을 지급하면 된다"고 말했다.

―

다음은 이재명과 삼프로TV 진행자의 '농업과 양곡법'에 대한 대화 내용이다.

사회자 양곡법을 다시 추진한다는 생각에는 변함이 없으신지, 어떠십니까?

이재명 (양곡법 개정이 두 차례에 걸쳐 무산된 건) 사실 우리가 집권을 하고 있지 않기 때문에 생긴 문제입니다. (쌀 수매 가격을 보면) 윤석열 정부가 20만 원을 보장했잖아요. 그런데 실제로는 18만 원, 17만 원에 거래되니까 농민들이 10%의 손해를 본단 말이에요.

그럼 이걸 해결하는 쉬운 방법이 있어요. (쌀) 경작 면적을 줄이면 돼요. 초과 생산이 문제거든요. 경작 면적을 줄이는 건 어렵지 않습니다. 대체 작물을 심으면 돼요. 논에다가 대체 작물을 심으면 쌀을 심을 때보다는 약간 손해가 나거든요. 그 차액을 보조금으로 주면 됩니다. 다른 나라에서는 이 제도를 많이 하고 있어요. (논에) 밀을 심든지 옥수수나 콩을 심으면 되거든요.

사회자 이미 했던 정책 같은데요.

이재명 문재인 정부 때 했죠. 그런데 윤석열 정부가 없애버렸어요. 우리 농업이 망하면 안 되잖아요. 가격을 일정 정도 유지해 줘야 쌀농사가 유지될 거 아닙니까?

방법이 두 가지죠. 대체 작물 지원 제도를 만드는 것과 쌀값 유지를 위해 일정 가격에 정부가 수매하는 수밖에 없는데, 이건 돈이 너무 많이 드는 거예요.

그래서 우리는 양곡법 개정안을 통과시키면, 정부가 쌀값을 차액만큼 손해를 보면서 대량으로 매입하는 정책을 하는 게 아니라 생산량을 줄이기 위한 정책을 할 것으로 기대한 건데, "무조건 쌀을 20만 원씩 다 사주란 말이냐? (그렇게 하면) 1조 원 든다" 이렇게 선전을 한 겁니다.

사회자 그럼 집권하시면 정책 방침이 양곡법을 도입하는 게 아니라, 말씀하신 대로 대체 작물 쪽으로 가실 건가요?

이재명 가장 멍청한 것이 아무런 대책도 없이 가만히 있다가 일정 가격에 쌀을 사주는 건데, 왜 그런 짓을 해요? 대체 작물을 양성해야 합니다.

―――

다음은 이재명이 2025년 4월 25일 자신의 페이스북 페이지에 올린 '농업강국 정책발표문'의 내용이다.

기후위기 시대, 지속 가능한 농업을 위해 K-농업강국을 만들겠습니다.

기후변화로 농업재해가 빈번해졌습니다. 농가인구는 줄고, 생산비는 급등했으며, 수급 불안까지 겹치며 농업의 지속 가능성이 흔들리고 있습니다. 기후위기 시대의 농업은 더 이상 사양산업이 아닙니다. 식량주권이 걸린 국가안보의 핵심 산업입니다. 농민이 살아야 농업이 살고, 농촌이 유지돼야 지방 소멸을 막을 수 있습니다.

농업은 단순한 1차 산업을 넘어, 대한민국 균형 발전과 식량 안보를 책임지는 국가 전략 산업입니다. 농정 대전환으로 위기를 기회로 바꾸고, K-농업강국으로 도약하기 위한 다섯 가지 전략을 제안합니다.

첫째, 농업재해 보상은 현실화하고, 생산비 부담은 덜어드리겠습니다. 해마다 반복되는 폭염과 집중호우, 병해충, 가축전염병 피해로 인한 농민의 고통을 덜어드리겠습니다. 농업재해피해복구비 지원단가를 현실화하고, 보험료 할증 최소화로 실질적인 재해보상이 이루어지도록 지원하겠습니다. 필수 농자재 지원제도를 도입해, 농축산업 생산원가 급등으로 인한 부담을 완화하겠습니다. 농업인 안전보험 보장 범위도 산재보험 수준까지 단계적으로 확대하겠습니다.

둘째, 로봇과 AI 등 첨단기술을 적용한 스마트농업을 확산하겠습니다. 농업용 로봇과 AI 등 첨단 농업기술을 도입해 농작업의 편의성과 효율성을 높이겠습니다. 기후위기에 강한 스마트 농업체계를 구축하고, 중소농가에 적합한 '맞춤형 스마트팜 모델'을 개발하겠습니다. 지역공동체가 스마트농업을 주도하는 농업경영체를 육성해 미래 영농 기반을 마련하겠습니다.

주민참여형 농지 규모화(개별 농가의 소규모·산재된 농지를 일정 규모 이상으로 교환, 통합을 통해 집적하는 과정)를 추진해 농지 이용의 효율성도 높이겠습니다. 스마트팜 정책과 금융지원을 획기적으로 개선하겠습니다. 청년 농업인들이 부채 걱정 없이 안심하고 미래 농업 주역이 될 수 있도록 돕겠습니다. 농축산업 관련 정보를 체계적으로 수집·활용하는 데이터 기반 농정체계를 구축해, 지속 가능한 농업의 미래를 만들어 가겠습니다.

셋째, 노후가 보장되는 농업을 실현하겠습니다. 농업인의 노후를 보장하겠습니다. 소상공인의 노란우산공제처럼, 농업인을 위한 퇴직연금제를 도입하겠습니다. 고령농의 걱정 없는 노후를 위해 '농지 이양 은퇴직불금' 제도를 현실에 맞게 재설계하겠습니다. 고령 농업인이 청년 농업인에게 농지를 원활히 이양할 수 있도록 지원해 세대교체를 촉진하고, 비축 농지도 안정적으로 확보하겠습니다. 영농형 태양광 발전을 통한 '햇빛연금'을 확대하고, 농촌 주택 태양광 발전 설치도 대폭 늘려 농촌 주민의 소득을 높이겠습니다.

넷째, 농정예산을 확대하고, 선진국형 농가소득 안전망을 구축하겠습니다. 공익직불금을 확대하고 다양한 직불제도 도입을 추진해 농정예산에서 직불 비중을 높이겠습니다. 현재 시범 운영 중인 농어촌 주민수당제도는 소멸 위기 지역부터 단계적으로 확대하겠습니다. 윤석열 정부가 역대 최저 수준으로 낮춘 농식품부 예산 비중을 정상화해 선진국형 농가소득 안전망을 확충하겠습니다.

다섯째, 쌀의 적정가격을 보장하고, 농식품산업을 미래 성장동력으로 육성하겠습니다. 양곡관리법을 개정해 쌀값을 안정적으로 보장하고, 인센티브 확대와 판로 보장으로 타 작물 경작 전환을 촉진하겠습니다. 생산자 조직의 식품업 진출과 해외시장 진출을 지원하고, 식량자급률과 식량안보 지수를 높이겠습니다. K-푸드의 정체성과 국제 경쟁력을 강화하겠습니다. 농축산 식품산업 혁신을 지원하는 R&D 투자를 확대하고, 전통 발효 가공

식품도 체계적으로 육성하겠습니다.

국민의 건강한 먹거리를 책임지겠습니다. GMO 완전표시제를 단계적으로 추진하고, 친환경 유기농업과 저탄소 농업에 대한 지원을 확대하겠습니다. 윤석열 정부에서 지지부진한 축산업 탄소중립 지원 대책과 축산농가 경영 안정 대책을 마련하겠습니다.

농업은 기후 위기 시대에 식량주권을 지키는 국가안보의 최전선이자, 국가 생존을 위한 기간산업입니다. 농정 대전환으로 농업의 경쟁력을 높이고, 농민의 삶을 지키며, 대한민국의 미래 성장동력을 키워내겠습니다. 이제 농업을 기후위기에 대응하는 지속 가능한 미래산업으로 전환하고, K-푸드를 넘어 K-농업이 세계를 선도하는 시대를 열어가겠습니다.

17
정부 효율과 공무원

우리 공무원은 무능하지 않다
문제는 일 잘 못 시키는 지도부
행정도 수요자 입장 반영해야

"공무원들은 문제가 없습니다, 일할 준비가 돼 있어요. 능력도 있고요. 문제는 일을 하도록 만드는 겁니다. 지휘를 하는 사람이 문제예요."

이재명은 한국의 행정 서비스에 대해 이야기하면서 "우리나라 공무원들은 일할 준비가 돼 있다"고 했다. 성남시장과 경기도지사로 공무원들과 일하면서 체험한 바, 우리 공무원들은 의욕도 있고 능력도 있다고 말했다.

그럼 왜 국민들은 우리나라 행정 서비스에 만족하지 못하는 걸까? 그들은 왜 불친절하고, 비효율적이고, 심지어는 무능한 것처럼 보이는 걸까?

유능한 공무원, 무능한 지휘자

이재명은 그 이유를 공무원 개개인의 능력 부족 때문이 아니라, 지휘자가 그들에게 일을 제대로 시키지 않기 때문이라고 말한다. 제대로 된 지휘자를 만나면 그들은 자기 능력을 십분 발휘한다는 것이다.

그러면서 2020년 경기도지사 재임 시절 도민들에게 소비쿠폰을 지급하는 프로세스를 도입한 일화를 소개했다. 도저히 안 될 줄 알았는데 공무원들이 아이디어를 내서 쿠폰 지급 시스템을 3~4일 만에 만들어냈다고 했다. 경기도민 개개인에 쿠폰을 지급하려면 1,000만 장에 가까운 카드가 필요했는데, 따로 카드를 만들 필요 없이 기존 신용카드나 체크카드에 얹어 지급하는 시스템을 단기간에 만들었다는 것이다. 이재명은 그 덕에 불과 11일만에 모든 도민에게 쿠폰을 지급할 수 있었다고 했다.

이어 공무원 사회를 로봇 '태권브이'에 비유했다. 덩치가 산만한 거대한 로봇을 지휘하는 건 "태권브이 머리 위 조종석에 앉아 있는 사람 한두 명"이라며 "그 조종사가 잘하면 (로봇은) 이리저리 날아다니는 훌륭한 무기가 되지만 그렇지 않으면 아무짝에도 쓸데없는 고철 덩어리가 된다"고 했다.

이재명은 대형 참사가 반복되는 원인도 지휘자 역할을 하는 고위 공직자의 무능·무책임 때문이라고 지적했다. 그는 지난 대선 선거운동 당시 서초구에서 유세를 하면서 "공직자가 국민의 생명과 안전에 조금만 더 신경을 쓰면 사고가 줄어든다"며 이렇게 말했다.

"공직자는 해바라기라고 하잖아요. 직업 공무원은 원래 그런 것입니다. 인사권자가 어떤 생각을 하느냐에 따라서 공무원들의 업무 방향이 완전히 달라집니다."

인사의 최고 책임자인 대통령이 국민의 생명과 안전에 대해서 관심을 가지면, 공무원들 사이에서 '안전을 못 챙기면 징계를 받고, 안전을 잘 지키면 우대받고 승진한다'는 인식이 생겨 자연스럽게 사고가 줄어든다는 설명이다.

2022년 이태원 참사와 2023년 오송 지하차도 사고도 '대통령의 무관심'이라는 작은 차이로 인해 기본적인 안전 수칙이 지켜지지 않아 일어났다고 했다. 이재명은 "당시 공무원이 '사고가 나면 엄청난 문책이 떨어진다'고 생각했으면, 당연히 질서 유지 요원이 배치되지 않았겠느냐"며 "(대통령의) 무관심 때문에 이런 조치가 이뤄지지 않은 것"이라고 했다.

비효율적인 인력 배치

그렇다면 우리나라 공무원의 수가 많고, 정부 조직이 비대하다는 의견에는 어떻게 생각하고 있을까? 이에 대한 이재명의 답은 '그렇지 않다'였다.

"오히려 공무원이 조금 부족하다고 생각합니다. 문제는 일하는 시스템입니다. 공무원들이 적재적소에 배치되지 못한 탓에 국민들이 불편을 느끼고 있습니다. 일이 몰리는 공무원은 과로에 시달리고, 공무원이 배치되지 않은 산업 현장에서는 안전 수칙에 대한 관리·감독이 제대로 이뤄지지 못하고 있습니다."

그는 산업 현장의 안전을 책임지고 관리해야 하는 노동부에 근로감독관이 부족한 것을 대표적인 사례로 꼽았다. 감독하는 공무원이 없으니 기업이 안전 수칙을 잘 지키는지 알 수 없고, 사고가 나면 그제야 책임을 묻는 후진적 일처리가 반복되고 있다는 것이다.

"1년에 산업재해 사고로 500명 이상이 죽는 나라가 세상 어디에 있습니까? 이건 말이 안 되죠. 현장을 돌면서 안전을 관리·감독하는 공무원을 늘려야 합니다."

민간의 전문성·자율성 도입

공직 사회의 비효율을 어떻게 해결할 수 있을까? 어떻게 하면 극복 가능할까?

이재명은 행정 서비스의 수요와 공급 밸런스를 잘 맞춰야 한다고 말한다. 공급자(정부)와 수요자(기업·개인) 사이에 소통이 부족하기 때문에 기업과 국민이 불편을 느낀다는 것이다.

"공급자와 수요자가 잘 연결되지 않습니다. 공급자가 관료적이기 때문에 그렇죠. 잘 바뀌지 않으려는 관성도 있습니다. 이런 행정의 방향을 이제 완전히 바꿀 필요가 있습니다."

과거부터 해오던 방식을 바꾸지 않으려는 공직 사회의 관성 탓에, 민간 기업과 국민 개인의 입장에서 공공 서비스를 제대로 받지 못하고 이른바 '민원 뺑뺑이' 같은 비효율을 겪게 된다는 것이다.

그는 "현장에 있는 기업가의 시각으로 공직 사회를 재편할 필요가 있다"고 밝혔다. 트럼프 미국 대통령이 테슬라의 일론 머스크 CEO(최고경영자)에게 '정부효율부(DOGE)'를 맡긴 일을 사례로 들기도 했다. 민간 기업에서는 첨단기술 혁신과 함께 조직도 계속해서 바뀌어가고 있는데, 공직 사회는 이를 따라가지 못해 기업이 성장하는 데 발목을 잡고 있다는 것이다.

그러면서 "(정부 조직에) 최대한 민간의 전문성과 자율성을 끌어들이고, 외부 전문가들의 의견을 최대한 반영해야 우리가 국제 경쟁에서 이길 수 있다"고 밝혔다.

또 기업 활동을 제한하는 규제에 대해서는 "당국의 행정 편의주의 탓에 불필요하게 규제가 적용되는 부분이 있다"면서 "행정 편의를 위한 규제는 대폭 줄여야 한다"고도 덧붙였다.

다음은 이재명과 경제5단체장의 간담회 중 '정부 효율과 공무원'에 대한 내용이다.

류진(한국경제인협회 회장) 아시다시피 올해 우리나라 경제 성장률이 1%를 넘지 못한다는 전망이 나옵니다. 문제는 이것이 일시적인 현상이 아니라는 점입니다. 위기의 핵심 원인은 바로 산업 경쟁력 약화입니다. 그 첫째 요인은 새로운 성장 동력의 부재, 둘째는 주력 산업의 노후화입니다.

20년 전 국민 소득 2만 달러를 이끈 것은 반도체였습니다. 3만 달러에 진입하는 데는 자동차, 조선, 석유화학이 힘을 보탰습니다. 하지만 미국, 중국이 신산업을 집중 육성해 온 지난 20년간 한국 제조업은 성장판이 닫혀버렸습니다. 대부분의 주력 산업이 중국의 추월로 위기에 빠졌고, 석유화학과 철강은 존폐의 갈림길에 서 있습니다.

결국 최우선 과제는 새로운 성장 동력의 창출입니다. 항공우주, AI, 로봇, 바이오, 미래형 선박, 방위산업, 스마트팜 등 적극적인 신사업 육성이 절실합니다. 투자 리스크가 크기 때문에 기업의 힘만으로는 어렵습니다. 미국, 중국, 일본처럼 정부가 직접 인프라를 지원하고 세제 개선으로 투자 부담을 덜어줘야 합니다.

석유화학 같은 위기 산업의 구조 개혁 지원도 시급합니다. 과잉 생산설비 폐기에 세제 혜택을 부여해서 원활한 구조조정을 유도해야 합니다. 테스트베드 단지 조성을 지원해서 R&D 부담을 덜어주고 시설 투자 지원을 강화해야 합니다. 유동성 공급 및 금융 비용 절감을 위한 정책, 금융과 함께 산업위기 지역에 대해서는 한시적 전기요금 감면 등도 필요합니다.

어려운 때일수록 지도자들의 지혜와 결단이 절실합니다. 이 시간 희망찬 새 도약의 이정표가 마련되길 기대합니다.

이재명 우리나라가 저성장 사회가 됐는데, 새로운 성장 동력을 발굴해야 된다는 점은 전적으로 동의합니다. 산업 전환이 필수적이겠죠. 그러려면 당연히 노동 전환도 필요하고요. 또 전통 산업 중에서 우리가 제조 역량이 뛰어나기 때문에, 제조업에 AI를 도입하는 데 주력하는 것도 새로운 기회가 되지 않을까, 하는 생각이 들었습니다.

그리고 규제 개혁 말씀도 해주셨는데, 저도 그 점에 동의합니다. 저도 행정을 10여 년 해봤는데요. 사실은 행정을 할 때 제가 주로 공급자의 입장에 있죠. 그런데 수요자 입장에서 보면 '저걸 왜 저렇게 하지?' 하고 의심스러운 경우가 참 많습니다. '이렇게 하면 훨씬 더 나을 텐데. 이거 말고 저걸 하면 더 나을 텐데' 하는 게 참 많죠. 아마 여러분도 많이 느끼실 겁니다.

그 원인이, 공급자와 수요자가 연결이 잘 안 돼요. 관료적이기 때문에 그렇죠. 말 붙이기도 어렵고, 또 부탁하는 것 같고요. 그런데 이제는 행정의 방향을 완전히 바꿔야 합니다. 아마 여러분들은 기업 운영을 하기 때문에 제가 드리는 말씀을 쉽게 이해할 거예요. 언제나 고객 입장에서 소비자 입장에서 여러분 생각하잖아요. 그런데 행정은 그런 게 잘 안 되죠. 권위적이어서 그렇습니다. 그리고 지금까지 너무 편하게 살았죠. 그런데 이걸 바꿔야 합니다.

수요자 입장에서 뭐가 필요한지를 만들어서 제시하고, 그리고 그것을 채택할지 여부는 물론 공급자 측의 권한이긴 하지만, 소통하는 기회를 정말로 많이 늘려야 합니다. 수요자, 현장 중심으로 바꿔야 된다는 말씀을 드리고요.

그것만 해도 현장에서 겪는 어려움이 많이 해소될 겁니다. 제가 경기도에 있을 때도 그 생각을 했는데, 저는 정부도 그래야 된다고 봐요. 뭐 인가를 하나 받으려면 이 부서에서는 '저 부서 가라'고 하고, 또 저쪽 다른 데 가서 '이거 해 와라' 하고, 저기 가면 또 '이거 해 와라' 하고……. 이게 사실은 공급자 입장에서는 당연하다고 생각하지만, 수요자 입장에서는 이해가 안 되는 거죠. '똑같은 도지사 밑에 있는 부하들인데 왜 자꾸 이렇게 뺑뺑이를 돌리지?' 이런 생각을 하죠.

그래서 제가 '부서에 업무가 접수되면 관련된 업무를 그 부서가 알아서 해라' 하는 조치를 취했습니다. 요즘 유행하는 말로 '원스톱 서비스'죠. 실제로 그게 행정력이 덜 들어요. 그러니까 사실은 관성 때문에 그런 거죠. 속도도 빨라질 뿐만 아니라 행정 편의도 늘어나죠.

또 한 가지는 이런 게 있습니다. 행정 절차가 순서대로예요. SK는 한번 경험해 보셨을 텐데, A 절차가 끝나면 B 절차를 하고, B 절차가 끝나면 C 절차를 하고, C 절차가 끝나면 D 절차를 하고…… (절차가) 너무 늘어져요. 그런데 A 절차가 끝나는 게 분명하면 A, B 절차를 동시에 시행하면 되거든요. 그런 행정 개혁이 좀 많이 필요하지 않을까 싶은 생각이 많이 들었고요.

그런 것만 해도 큰 변화를 만들어낼 수 있겠다는 생각이 들었습니다. 규제도 마찬가지죠. 행정 당국 입장에서 자기들이 관리하기 편하기 위해서 가지고 있는 규제가 너무 많아요. 예를 들면 100개의 사업이 진행되는데, 그중에서 '5% 정도 부정행위가 있지 않을까?' 하는 의심이 있으면, 그 의심을 봉쇄하기 위해서 온갖 장치를 마련해 놓습니다. 그러면 95%가 엄청나게 불편을 겪어요. 사실 그렇게 할 필요가 없죠. 5% 정도는 손실을 감수하면 됩니다.

예를 들면 연구개발할 때 500원짜리 딱풀 산 것까지 다 전산 입력을 하잖아요. 그렇게 하지 말고, 예를 들면 '총액의 5% 이내는 용도를 묻지 않고 사용할 수 있게 해주자'고 하면 그런 쓸데없는 노동 안 해도 되잖아요. 그건 손실이 아니죠. 그러니까 이런 행정 편의를 위한 규제는 대폭 줄일 필요도 있고, 충분히 마음만 먹으면 줄일 수 있다는 생각이 듭니다.

다음은 이재명과 삼프로TV 진행자의 '정부 효율과 공무원'에 대한 대화 내용이다.

사회자 미국 트럼프 행정부에 일론 머스크가 들어갔습니다. 정부효율부(DOGE)를 만들어 정부 효율을 획기적으로 (개선하겠다는 건데요). 우리나라는 어떤가요? 우리 공무원 혹은 국가 행정력의 획기적인 개선에 대한 생각을 듣고 싶습니다.

이재명 우리 국민들께서 뉴스를 보고 일반적으로 의심하는 것처럼, 공무원들이 엄청나게 무능하거나 부패하지 않습니다. (공무원 가운데 일부) 소수가 정치적이거나, 무능하거나, 부패하거나 한 것인데, 그게 눈에 띄는 거예요.

제가 성남시라는 조그마한 동네 행정을 하면서 전국적으로 알려졌잖아요. 성과를 냈으니까 알려진 거예요. 제가 뭘 했길래 알려졌겠습니까? 제가 뭐 잘생기기라도 했습니까? 그거 아니잖아요. 이유는 제가 성과를 냈기 때문인데, 그 성과는 공무원들이 내는 거예요. 시장이 직접 하는 게 아니죠. 제가 경기도지사 3년 했거든요. 그 3년 동안 경기도가 못 겪어본 경험을 한 거잖아요. 역시 다 공무원들이 한 겁니다.

제가 2020년에 소비 쿠폰을 지급했잖아요. 그런데 처음에 어떤 문제가 있었냐 하면, 쿠폰을 카드로 지급해야 하는데, 경기도 인구가 1,380만 명이니까 절반에게 주더라도 700만 장의 카드가 필요하잖아요. (도저히 실무적으로 감당)할 수가 없는 거예요. 근데 공무원들이 한 3, 4일 만에 그걸 시스템으로 만들어 왔어요.

제가 기획 시작하고 실제 열하루인가밖에 안 걸렸는데, 그 사이에 공무원들이 이걸 다 해낸 겁니다. 그냥 신용카드, 체크카드에 얹어 주면 된다, 하는 시스템을 만든 거죠. 대부분 카드는 갖고 있으니까, 없는 사람은 만들면 되고요.

공무원들은 그렇게 일할 자세가 돼 있습니다. 능력도 있어요. (일을) 잘 시키는 게 문제지요. 지휘를 하는 사람이 문제예요.

대한민국 공직 체계의 준비는 잘 돼 있고요.

일본이 사실 장기 경제 침체를 겪은 여러 이유가 있겠지만, 제가 보기에는 공무원 사회가 산업 전반을 통제했기 때문이에요. 예를 들면 그중에 하나가 규제 문제인데, 일본은 아직도 인감 도장 찍거든요. 그래서 자동으로 인감 도장 찍는 기계를 만들었어요.(웃음) 그런 게 공무원들의 문제예요. 인감 도장을 꼭 찍어야 된다고 하는 규제를 유지하니까 인감 도장 찍는 기계를 만들어내는 거예요.

첨단 산업사회에서 이렇게 해서 될 리가 없죠. 과거 우리가 추격자의 입장에 있던, 대량 생산 시대에는 공무원이 제일 똑똑한 집단이었어요. 그때는 공무원이 지휘해도 문제가 없었어요. 그러나 지금은 첨단 산업 사회가 됐는데, 공무원들이 첨단 산업 전문가를 따라

갈 수가 없어요. 그런데 계속 주도권을 가지면 망하는 거예요. 이제 이걸 놔줘야 됩니다. 그렇다고 놔주고 나 몰라라 할 수는 없죠. 그래서 일론 머스크 같은 사람이 정부효율부를 만들어서 기업가의 시각으로, 현장의 시각으로 공직 사회를 한번 싹 정리하면 (좋지요) 재편할 필요가 있습니다.

예를 들면 지금 기술이 얼마나 중요해요. 그런데 우리는 과학기술 분야가 교육부총리 산하로 돼 있어요. 자율성이 많이 떨어져요. 예를 들면 그런 것들을 좀 분리하자. (정비할 건) 재정비하고, 최대한 민간의 전문성과 자율성을 끌어들이자.

또 방향은 정부가 정하되 그 방향을 정하는 것은 민간의 역량을 쓰자. 조종간은 잡고 있는데 어느 방향으로 갈지, 구체적으로 어떤 행동을 할지는 외부 전문가들의 의견을 최대한 반영하자, 그래야 우리가 국제경쟁에서 이길 수 있다.

사회자 공무원 조직이 그렇게 외부 전문가 이야기를 잘 들을까요?

이재명 잘 안 듣죠. 그런데 잘 듣도록 하는 게 바로 지휘관이 할 일이에요. 권한을 주고, 역할 배분을 분명하게 하고, 책임과 포상을 분명하게 하면, 다 듣습니다.

다음은 2025년 5월 29일 이재명 당시 대통령 후보의 서울 서

초구 유세 연설 중 '정부 효율과 공무원'에 대한 내용이다.

이재명 꼭 보수 정권이 집권하고 나면 대형 참사들이 생깁니다. 그게 우연이 아닙니다. 공직자가 조금만 더 관심을 갖고 국민의 생명과 안전에 대해서 더 신경 쓰면 사고가 줄어들어요. 공직자는 인사에 관심이 많기 때문에, 인사권자가 어떤 생각을 하느냐에 따라서 (업무) 방향이 완전히 달라집니다.

공직자는 해바라기라고 하잖아요. 직업 공무원은 원래 그런 것입니다. 그렇게 훈련돼 있죠. '인사의 최고 책임자인 대통령이 국민의 생명과 안전에 관심을 갖고 있다. 국민의 생명과 안전이 위협받을 때는 징계하거나 책임을 묻는다. 생명과 안전을 잘 지키는 공직자를 우대하고 승진시켜준다'라고 하면 공무원들이 열심히 안전을 챙겨요. 그러면 미세한 차이 때문에 안전사고가 줄어듭니다.

이태원 참사도 마찬가지 아닙니까? 그 참혹한 일을 생각해 보십시오. 공무원이 '이거 사고 나면 큰일 난다. 엄청난 문책이 떨어진다' 이렇게 생각하면 당연히 질서 유지 요원이 배치되지 않겠습니까? (매년 핼러윈 기간마다) 이태원의 그 좁은 골목에 사람들이 몰리는데, 당연히 일방통행시키고 교통경찰 몇 명만 배치했으면 사고가 났겠습니까? 그걸 안 했잖아요. 왜 안 했을까요? 무관심하니까. 저는 무관심 때문이라고 봐요.

어쨌든 (보수 정권이) 안전하지 못한 세상을 만들었고, 수없이 많은 사람들이 죽어갔죠. 오송 지하차도 사고도 마찬가지입니다. 하천 제방을 공사하다가도 장마철이 되면 제방을 복구해 놓아야 하잖아요. 당연히 물이 넘칠 수 있기 때문에 그렇잖아요. 그러면 모래 포대로 단단하게 막아 놓아야 하는데, 그냥 모래로 제방을 쌓아 놓으니까 다 무너졌죠. 결국 강물이 도로에 진입해서 지하차도에 찬 거예요. 그 길을 지나가던 차들은 그것도 모르고 지하차도에 갇혀서 사망했죠. 공직자들이 정신을 바짝 차리면 그런 일이 벌어지겠습니까? 이 무능함·무책임 때문에 안전하지 못한 나라가 됐고, 우리 국민들은 피해를 입었죠.

4장

코스피 5000

18
코리아 디스카운트

지배구조 등 '기울어진 운동장'이 문제
'비정상'만 되돌려도 5000포인트 가능

"(정부가 시장에 맡기고) 아무것도 안 해도 코스피 지수가 3000 포인트는 넘길 거고요, 주식시장의 '비정상'만 바로 잡아도 5년 내 5000포인트 돌파 가능합니다"

이재명은 지금 우리 증시는 정상이 아니라고 말한다. 정부가 정책을 잘못하는 바람에 더 오를 수 있는데 못 올라가고 있다는 것이다.

때문에 정부가 잘못된 것만 고쳐도 주가는 5000포인트를 넘길 것이라고 장담한다. 소위 코리아 디스카운트만 해소돼도 주가 5000포인트 시대가 열린다는 것이다.

그가 이렇게 자신 있게 말하는 근거는 무엇일까? 그가 말하는 국내 증시의 '비정상'은 무엇일까?

이재명은 코리아 디스카운트, 즉 한국 증시의 저평가 원인으로 지정학적 리스크, 주가 조작 등의 시장교란 행위, 불투명한 지배구조 등을 꼽았다.

먼저 윤석열 정부의 북한 정책이 증시 저평가를 초래했다고 진단한다. 그는 "한국전쟁 이후 북한이 남한으로부터 위협을 느껴 철도와 도로를 끊고 장벽을 세운 건 이번이(계엄 사태 때) 처음"이라며 "북한과의 적대 관계가 해소된다면 한반도 지정학적 리스크가 크게 줄어들 것"이라고 말했다.

또 주가 조작 등 시장 교란 행위에 대한 정부 대처가 미온적인 것도 문제라고 지적했다. 단호할 때 단호하게 대응해야 하는데 그렇지 못했기에 시장 참여자들이 증시에 불신을 갖게 된다는 것이다.

이재명은 "주가 조작을 해도 제대로 처벌받지 않고, 오히려 실력으로 인정받는 게 우리 증시 풍토"라며 "(자신의 이익을 위해) 시장 질서를 교란하는 행위에 대해 정부가 처벌 의지만 보여도 주가 조작 등이 크게 줄어들 것"이라고 했다.

무엇보다 코리아 디스카운트의 가장 큰 요인은 국내 상장기업의 불투명한 지배구조라고 말한다. 모든 투자자에게 평등하지 않고, 대주주 등 소수에게만 유리한 '기울어진 운동장'이라는 지적이다. 이 때문에 많은 국내 투자자들이 '국장(국내 증시)'을 떠나 '미장(미국 증시)'으로 가고 있다는 것이다.

"주식투자의 기본 원칙은 '우량주 장기 투자'인데, 국내 증시에서는 (그것이) 어렵습니다. 우량 기업이 물적분할 등 (반칙을 일삼는 바람에 알짜 사업이) 남의 회사가 되는 걸 몇 번이나 경험하지 않았습니까? 그러니 투자자들이 배신감을 느끼는 거죠."

이재명은 이런 문제를 해결하려면 상장기업의 근본적인 지배구조 개선이 필요한 데 정부의 의지만 있으면 해결이 가능하다고 말했다.

―――

다음은 이재명과 삼프로TV 진행자의 '코리아 디스카운트'에 대한 대화 내용이다.

사회자 (상장기업 이사회의 주주 충실 의무가 명시되는) 상법이 개정되면 주가는 지금보다 훨씬 더 높은 수준이 될 거라고 보시나요?
이재명 저는 농담이 아니고, 우리가 집권하면 아무것도 안 한 상태에서 (코스피 지수가) 3000포인트를 넘길 것으로 봅니다.

사회자 그럼 현 상황은 윤석열 정권이 (주가를) 눌러 놓은, 이른바 디스카운트된 주가라고 보시는 거군요.

이재명 우리 주가가 디스카운트된 이유는 몇 가지 있는데, 사실 저는 계엄을 합리화하려고 (정부가) 북한을 자극했다고 보거든요. 한국전쟁 이후 북한이 남한으로부터 군사적 위협을 느껴 장벽을 쌓은 건 이번이 처음입니다. (남한의 군사도발에 대비해서) 철도 끊고, 도로 끊고, 평지에 대전차 장벽을 쌓았다고 하잖아요.

사회자 그만큼 실질적 위협을 느꼈다는 건가요?

이재명 위협을 느낀 거죠. 저는 그걸 보고 (윤석열 정부가) '북한을 자극해서 계엄의 명분을 만들려고 하는구나' 이렇게 생각했는데요.

사회자 여러 의혹이 있었죠.

이재명 그런데 우리가 이런 적대 정치만 안 해도 한반도 안보 리스크가 크게 줄어들거든요. 두 번째로, 대한민국에서는 주가 조작을 해도 처벌을 안 받고, 오히려 주가 조작하는 게 실력이 되는 사회 아닌가요? 이거(주가 조작 등 시장질서 교란 행위) 막을 수 있거든요. 우리 민주당이 집권해서 "어떻게 조치하겠다"는 입장만 명확하게 해도 많이 정상화될 겁니다.

세 번째로는, 지금 투자자들이 대한민국 주식시장에 배신감을 느끼고 있습니다. 예컨대 통통한 암소를 샀는데, 암소가 새끼를 낳았어요, 그런데 그 새끼가 남의 것이 돼 버리는 거죠. 이거 몇 번 당했잖아요. 소위 물적분할 등으로요.

'우량주 장기 투자'가 주식투자의 기본 원칙 아닙니까? 저는 IMF(국제통화기금) 외환위기 때 (투자금을) 다 날렸다가 우량주 장기 투자해서 본전 찾은 사람인데, 이제는 그것도 하기 어려워진 거예요. 그러니까 배신감을 느끼죠. 이걸 막아야 하는데, 막는 길이 결국 지배구조, 경영 구조 개선입니다. 이 조치만 해도 많이 바뀌겠죠.

사회자 불법 행위에 대해서 강력한 처벌을 할 것이라는 말씀이신 거죠?

이재명 저는 그런 거 뿌리 뽑아야 한다고 봐요. 한 사람이 계란 한 판 훔치는 것도 물론 처벌해야 하지만, 한두 사람의 경제적 이익을 위해서 수십만 명이 엄청난 재산상 피해를 입고 극단적 선택을 하는 일이 있어서는 안 되잖아요.

사회자 그런데 그건 대통령이 직접 지시를 해야 하는 일입니까?

이재명 (전담) 팀을 별도로 만들어서 의지만 보여주면 예방 효과도 있고, 처벌 효과도 크죠. 현행법으로도 충분히 가능합니다. 그런데 (보통) 주변을 수사하다 말아요. 그래서 상장사 사외이사 중에서 검사 출신이 그렇게 많은 겁니다.

사회자 퇴직하고 그곳으로 많이 가는군요.

이재명 정확히는 모르겠지만 추측이 되죠. 아니, 기업 경영에 도움이 되는 사람들이 이사를 해야지, 무슨 검사 출신이 사외이사를 그렇게 많이 합니까.

다음은 '경제 유튜버들과 휴면개미 이재명의 경제 토크' 중 이재명의 '코리아 디스카운트'에 대한 발언을 정리한 것이다.

이재명 저는 지금은 공직 때문에 주식투자를 쉬고 있는 '휴면개미'인데, 아마 공직을 그만두면 다시 주식시장으로 돌아갈 가능성이 매우 높습니다.(웃음)

그런데 최근에 보니까, 주식시장으로 돌아가는 것이 망설여지기도 합니다. 주식시장이 너무 불공정해지고 불투명해서, 고민해 봐야 되지 않을까, 하는 생각이 들고요. 안타까운 것은 한국의 자산시장, 그중에서도 자본시장, 특히 주식시장이 매우 불공정해지고 불신이 높아서 많은 사람들이 탈출하는 것 같아요.

대한민국의 금융시장이 이렇게 위축되면 국부도 쪼그라들어서 모두에게 불행한 일인데, 그 해결책을 찾았으면 하는 소망이 있습니다.

지금 대한민국의 주식시장이 상당히 저평가돼 있는 건 분명해요. 이유는 여러 가지가 있는데, 한반도의 지정학적 리스크도 있겠고요. 저는 제일 큰 원인이 '투명성 부족'이 아닌가 싶어요. 그러니까 과거 주식투자를 할 때 소위 '소형 잡주' 이런 데 투자했다가 IMF 때 다 날렸죠. 그후 교과서대로 우량주를 장기 보유해서 거의 본전을 찾고, 수익도 남겼습니다.

그런데 최근에 보니까 우량주를 장기 보유하는 것도 안전한 주식 투자 방법이 아니더라고요. 왜 그런가 했더니, 회사를 물적분할 해서 자꾸 알맹이를 빼버려서…… (투자자 입장에서는) 분명히 우량주를 가지고 있었는데 어느 날 보니까 껍데기 주식, 잡주가 돼 있는 거죠. 이렇게 되면 사람들이 주식시장에 진입하지 않는 건 물론이고 탈출하게 됩니다. 그러면 수요 부족으로 당연히 주가가 떨어지겠죠.

그리고 지금 대한민국 주식시장을 보면, 통상 주가순자산비율(PBR)이 1을 넘어야 정상이잖아요. 그런데 (PBR이) 10분의 1도 안 되는 주식이 있다는 거예요. 0.1이면 이론적으로 그 기업의 주식을 사서 회사를 청산하면 (수익이) 10배 남는다고 얘기할 수 있는데, 그런 주식이 많이 있다는 게 이해가 안 되잖아요.

이런 것들이 다 비정상이죠. 주가 조작해도 처벌도 안 되고요. 저는 요즘도 보면 '아, 저거 주가 조작하고 있구나' 이런 것들이 보이거든요. 그래프를 보면 알 수 있잖아요. 그런 것들이 총체적으로 주식시장을 망치고 있는데, 어떻게든 고쳐야 되지 않을까 싶고요.

그 다음 기업 지배구조의 퇴행적인 모습. 또 한반도의 지정학적 문제. 이런 것만 싹 정리를 해도 이론적으로는 (코스피 지수) 5000포인트가 가능하죠.

지금 상장사 평균 PBR이 1이 안 된다면 문제 아닙니까? 후진국, 개발도상국도 2가 넘는다는 거 아닙니까? 개발도상국 수준으로만 평가해도 5000포인트가 넘어야 하는 거죠. 이런 현실적인 문제를 고치지 못하면 계속 (코스피 지수) 2000선을 위협받으면서 살아야 되지 않을까, 하는 생각이 듭니다.

이소영(더불어민주당 국회의원) 네, 우리나라 주식시장의 비정상만 바로잡아도 5년 내에 코스피 지수 5000포인트가 가능하다는 말씀을 주셨고요. 많은 투자자분들께서 희망을 가질 수 있는 말씀이 아닌가 싶습니다.

이재명 우리 이소영 의원이 배당소득 문제나 저 PBR 문제를 해소하기 위한 법안을 준비하고 계시다면서요. 그러니까 (PBR을) 너무 낮게 유지하고 있으면 세제상 불이익을 준다든지, 또는 배당을 너무 안 하는 배당성향이 낮은 회사들에 대해서는 세제상 불이익을 주거나 정책상의 불이익을 주고, 반대로 배당성향이 높은 곳은 이익을 주고, 예를 들면 PBR이 높은 기업에 인센티브를 주면, 이렇게 하기만 해도 상당히 많이 좋아질 것 같아요.

19
이사의 주주충실 의무 / '상법 개정'

주가 상승 가로막는 지배구조 이슈
상장기업 이사회 정상화되면 5000포인트 가능

이재명은 '코리아 디스카운트(대한민국 증시 저평가)'의 가장 큰 원인으로 '기업의 지배구조 이슈'를 꼽았다.

국내 상장기업 대주주, 소위 오너들의 불투명한 경영, 다시 말해 '오너의 이사회 장악'이 주가의 발목을 잡고 있다는 것이다. 그리고 이 문제가 해결되면 코스피 지수가 큰 폭으로 뛰어오를 것으로 내다봤다. 코스피 5000포인트 달성은 시간 문제라고 자신했다.

그렇다면 이재명이 말하는 국내 기업 지배구조의 문제는 뭘까?

한마디로 말하면 상장기업 이사회가 제 역할을 못하고 있다는 것이다. 이사회가 전체 주주의 이익을 위해 일해야 하는데 최대주주의 이익에 봉사하는 게 가장 큰 문제라는 설명이다.

물적분할 등으로 알짜 자회사를 모회사에서 분리하는 '쪼개기 상장'이 대표적인 사례다. 이재명은 이를 "암소를 사서 통통하게 잘 키웠는데 그 암소가 낳은 새끼를 남이 가져가 버린 황당한 일"에 비유했다. 이런 일이 자주 일어나는 바람에 투자자들이 대한민국 주식시장에 배신감을 느끼고 떠나고 있다고 말한다.

이재명은 지난달 자신의 소셜미디어를 통해서도 "불투명한 기업 지배구조는 '코리아 디스카운트'의 고질적인 원인 중 하나"라며 "기업 지배구조의 투명성을 높이겠다"고 밝혔다.

투명성을 강화하기 위한 구체적 대안으로는 '소액주주를 대표하는 이사도 선임될 수 있도록 집중투표제 활성화, 감사위원 분리 선출을 확대해 경영 감시 기능 강화, 기업 합병 시 기업가치는 공정하게 평가되도록 하고, 일반주주 보호장치 강화, '쪼개기 상장' 시 모회사 일반주주에게 신주를 우선 배정하도록 제도 개선, 상장회사의 자사주는 원칙적으로 소각해 주주 이익으로 환원될 수 있도록 제도화' 등을 제시했다.

특히 이사회의 주주 충실 의무를 위한 상법 개정에 대해 이재명은 "상법은 유한회사, 합작회사 등 모든 형태의 회사에 동일하게 적용된다"며 "사실은 상법이 아니라 상장사에만 효력이 있는 자본시장법을 개정하는 게 바람직하다"고 말했다.

주식이 공개 시장에서 거래되지 않는 소규모 회사의 이사회까지 법으로 규제하는 건 과도하다는 설명이다. 그는 "가족이나 부부 회사 등 소규모 회사까지 규제할 필요는 없다"며 "(이 회사들에게) 억울한 상황이 생기지 않게 단서 조항을 넣어야 한다"고 했다.

이사의 주주충실 의무 조항이 상장사에만 적용되는 건 상장사에 대한 역차별이 될 수 있다는 의견에는 동의하지 않았다.

삼프로TV 진행자가 "(자본시장법 개정으로 상장사만 규제한다면) 기업이 (규제를 피하기 위해) 자본시장으로 나오지 않고 가족 회사에 머물지 않겠느냐"며 "상장회사와 비상장회사를 차별적으로 대우한다면 기업의 자본시장 진입에 상당한 장애가 될 수 있다"고 하자 이재명은 "주주를 배반하는 이사회의 불법을 막자는 것인데, 그게 두려운 회사라면 상장하지 않아도 된다"고 못 박았다.

이사의 주주 충실 의무를 반영한 상법 개정안이 더불어민주당 주도로 2025년 상반기에 국회를 통과할 것으로 예상된다.

―――

다음은 이재명과 삼프로TV 진행자의 '이사의 주주충실 의무, 상법 개정'에 대한 대화 내용이다.

이재명 지금 투자자들이 대한민국 주식시장에 배신감을 느끼고 있습니다. 예컨대 통통한 암소를 샀는데, 암소가 새끼를 낳았어요. 그런데 그 새끼가 남의 것이 돼 버리는 거죠. 이거 몇 번 당했잖아요. 소위 물적분할 등으로요.

'우량주 장기 투자'가 주식투자의 기본 원칙 아닙니까? 저는 IMF(국제통화기금) 외환위기 때 (투자금을) 다 날렸다가 우량주 장기 투자해서 본전 찾은 사람인데, 이제는 그것도 하기 어려워진 거예요. 그러니까 배신감을 느끼죠. 이걸 막아야 하는데, 막는 길이 결국 지배 구조, 경영 구조 개선입니다. 이 조치만 해도 많이 바뀌겠죠.

사회자 불법 행위에 대해서 강력한 처벌을 할 것이라는 말씀이신 거죠?

이재명 저는 그런 거 뿌리 뽑아야 한다고 봐요. 한 사람이 계란 한 판 훔치는 것도 물론 처벌해야 하지만, 한두 사람의 경제적 이익을 위해서 수십만 명이 엄청난 재산상 피해를 입고 극단적 선택을 하는 일이 있어서는 안 되잖아요.

사회자 그런데 그건 대통령이 직접 지시를 해야 하는 일입니까?

이재명 (전담) 팀을 별도로 만들어서 의지만 보여주면 예방 효과도 있고, 처벌 효과도 크죠. 현행법으로도 충분히 가능합니다. 그런데 (보통) 주변을 수사하다 말아요. 그래서 상장사 사외이사 중에서 검사 출신이 그렇게 많은 겁니다.

사회자 퇴직하고 그곳으로 많이 가는군요.

이재명 정확히는 모르겠지만 추측이 되죠. 아니, 기업 경영에 도움이 되는 사람들이 이사를 해야지, 무슨 검사 출신이 사외이사를 그렇게 많이 합니까.

사회자 상법 개정에 대해서 작년 연말부터 관심이 굉장히 높거든요. 그런데 상법 개정이 지금 잘 안 되고 있잖아요. 이거는 어떻게 하실 거예요?

이재명 오리가 움직이지 않고 조용히 물에 떠 있는 것 같아도 물밑에서는 열심히 발을 젓고 있듯이 지금 법제사법위원회(법사위)에서 의결하면 본회의는 곧바로 되거든요. 며칠 안 남았습니다.

그런데 이건 원래 자본시장법을 개정해야 해요. 왜냐하면 자본시장법은 많은 이해관계자, 특히 소액 투자자들이 있는데 이 사람들이 피해를 보니까 지금 바꾸자는 거잖아요.

그렇지만 일반 회사, 예를 들면 가족 4명이 주주인 회사에 적용할 필요는 없거든요. 그 사람들끼리 뭘 하든지 관여할 필요가 뭐가 있어요. 상법을 개정하면 거기까지 적용이 돼요. 원래는 이게 상장회사를 규제하는 자본시장법을 개정해야 하는데, 이 자본시장법 개정의 담당 상임위원회가 국민의힘이 위원장을 맡고 있는 정무위원회거든요. 거기는 무조건 안 합니다. 일단 안 하고 봐요. 그러니까 우리가 위원장을 맡고 있는 법사위에서 상법 개정을 할 수 있으니까, 법사위에서 하는 겁니다.

사회자 자본시장법은 상장사를 대상으로 효력이 있는 것이고……

이재명 상법은 모든 유한회사, 합작회사까지 다 적용이 되니까요.

사회자 (그렇게 되면 입법 취지에는) 조금 안 맞을 수도 있는데, 어쨌든 하시는 거고요?

이재명 억울한 상황이 생기지 않게 단서 조항을 넣어야 되는데, 복잡하죠.

그래서 얘기가 복잡한 거예요. 그래도 해야 하니까 하는 거예요.

사회자 그렇게 하면 정말 좋은 회사가 자본시장으로 안 나오고 '야, 저기로 가면 우리만 당한다'라고 해서, 그냥 가족회사를 유지하거나 할 수도 있지 않겠어요?

이재명 (기업) 공개를 준비하는 기업이 '불법 행위를 못하게 되니까 상장하지 말아야지' 한다면, 그런 기업은 상장 안 해도 됩니다.

사회자 기업들의 자본시장 진입을 촉진해야 하지 않습니까? 그런데 상장회사와 비상장회사의 지배구조나 주주 권익을 차별적으로 대우한다면, 기업의 자본시장 진입을 유인하는 데 굉장한 장애가 될 가능성도 있다는 생각입니다.

이재명 글쎄요.

사회자 그래서 저는 그게 '법사위의 문제냐, 정무위의 문제냐'가 아니라, 한국에 존재하는 모든 회사에, 주주에 호혜적인 한 표를 행사하는 상법 개정을 통해 이사 충실 의무를 똑같이 해야 한다는 생각입니다.

이재명 상법으로 개정하는 게 맞다는 말씀이시군요. 뭐 틀린 말씀은 아닌데, 가족회사 같은 곳까지 굳이 할 필요가 있냐, 그런 얘기죠. 예를 들면 전자투표 의무화, 감사 선정의 절차, 복수 투표권 인정 등 복잡하잖아요. 가족 4명이, 아니면 부부가 주식회사를 하고 있는데 뭐 그것까지 규제할 필요가 있을까…….

20
배당성향과 배당 과세

'휴면개미' 이재명의 한국 증시 비판
한국 상장사 배당성향 中보다 낮아

"나는 잠시 쉬고 있는 휴면개미다. 언젠가는 '국장(한국증시)'에 복귀할 것이다. 그런데 국장이 이상하다. 우량주 장기 투자 전략이 통하지 않는다. 물적분할, 전환사채 등을 통해 회사 알맹이가 쏙 빠져 우량주가 잡주가 되고 있다. 상장기업의 경영구조, 지배권 남용을 바로잡아야 한다."

이재명은 스스로를 '휴면개미'라고 말한다. '잠자는 개미' 또는 '지금은 놀고 있는 개미'로 풀이되는데 2024년 11월 이사의 주주 충실의무 확대를 골자로 하는 상법 개정안을 추진하면서 한 말이다.

주식시장의 개인투자자, 이른바 '개미'의 협조를 당부하면서 "(알고 보면) 나도 개미다. 지금은 공직자여서 잠시 쉬고 있지만 언젠가는 다시 (현역으로) 복귀할 휴면개미"라고 자신을 소개했다.

실제로 이재명의 '주식 실력'은 수준급(?)으로 알려져 있다. 성남에서 인권변호사로 활동하던 시절 주식투자로 큰 수익을 남겼다는 일화는 유명하다. 본인도 "1997년 외환위기 당시 큰 손실을 봤다가 '우량주 장기 투자'로 손실을 만회하고 큰돈을 벌었다"고 말하기도 했다.

우량주 장기 보유 전략이 더 이상 안 먹히는 이유

그는 한국 증시를 정상화해서 주가를 올려야 한다고 강조한다. '장기 투자 전략'이 통하지 않는 '국장'을 되살려야 한다고 말한다. 65세 이상 비율이 20%를 넘는 초고령사회에 접어든 만큼 전 국민의 노후를 위해 반드시 증시를 활성화해야 한다는 것이다.

"국민들이 노후에 쓸 자산을 모으려면 예금으론 부족하니 결국 투자를 해야 하는데, 현재 우리 국민들의 자산 포트폴리오에서 부동산 비중이 압도적으로 높습니다. 부동산 가격이 경착륙하면 일본과 같은 부동산 폭락이 일어날 수 있어요, 아주 위험하죠. 부동산보다는 주식시장을 활성화해야 합니다."

이재명은 주식투자가 부동산이나 예금 등 다른 투자에 비해 그 매력이 떨어진다면서 이렇게 말했다. 증시에 장기 투자하면 안정적 자산 증식이 보장돼야 하는데 국내 증시는 그렇지 못하다는 것이다.

"미국에서는 주식 배당을 받아서 (노후에) 생활비로 쓰잖아요. 그러니까 거의 모든 사람들이 주식에 투자하는데, 우리나라는 (배당 등 주식투자 리턴이 부동산보다 적으니) 주식투자를 멀리합니다."

이재명은 그러면서 장기 투자자들에게 세제 혜택 등 인센티브를 줘야 한다고 했다. 그는 "장기 보유에 따른 이익이 없다 보니 (국내 증시가) 지나치게 단타 중심"이라며 "장기 보유를 하면 확실히 이익이 있어야 한다. 장기 보유 세제 혜택을 늘려가는 게 바람직하다"고 밝혔다. 특히 상장기업들이 배당에 적극 나서야 한다고 강조했다.

그는 "기업이 배당을 잘하면 같은 조건에서 그 기업의 주가가 장기적으로 오르는 게 분명하다"며 "에스오일이 정유주 가운데 배당을 많이 해서 경쟁업체보다 주가가 높은 것 아니냐"고 했다.

국내 기업의 배당성향이 낮은 이유
그러면 국내 상장사들이 배당에 소극적인 이유는 뭘까? 재계에서는 배당소득에 대한 높은 세율이 가장 큰 원인이라고 지적한다.

현행법상 배당소득에 대한 세율은 15.4%다. 그러나 배당소득이 연 2,000만 원을 넘으면 종합소득세 대상이 돼 다른 소득과 합산 과세된다. 급여와 이자 및 부동산 등 다른 소득이 많은 기업 오너의 경우 배당의 절반이 세금으로 나간다. 배당을 많이 해도 내 지갑보단 국고나 개인투자자에 좋은 일이 된다고 봐 차라리 회사에 유보해 놓고 다른 선택을 하는 것이다. 또 주가가 올라 봐야 상속 또는 증여세 부담이 늘어난다며 노골적으로 주가를 누르기도 한다.

이런 상황에서 이사회가 전체 주주의 이익보다 최대주주의 이해관계에 복종하고 있어 배당 축소 관행이 지속되고 있다는 분석이다. 이 때문에 일각에서는 배당소득에 대한 세율을 낮춰야 한다는 목소리도 나온다. 최대주주의 세 부담이 낮아지면 배당을 더 많이 하게 될 것이라는 주장이다.

그러나 이재명은 이에 대해 "세율을 낮추는 것이 실제로 배당성향을 올리는 효과가 있을지 의문"이라며 유보적이다.

"(2015년 박근혜 정부 당시) 3년 정도 (배당소득 세율 인하를) 해봤는데, 세수만 줄어 철회한 바 있습니다. 세제를 바꾼다고 기업 배당이 늘어날지는 더 연구해봐야 합니다."

이재명은 2025년 4월 21일 서유석 금융투자협회장 등과의 증권업계 간담회에서도 "(배당소득세 완화가) 긍정적으로 작용할지, 세수 감소를 상쇄할 정도의 효과가 있을지 시뮬레이션해 볼 필요가 있다"고 말했다.

또 세제 혜택을 부여한다면 지배주주들에게 혜택이 몰리는 것 아니냐는 우려도 만만치 않다고 말한다. 전처럼 배당 증대는커녕 최대주주에게 좋은 일만 하는 꼴이 될 수 있다는 지적이다.

그 대신 배당에 소극적인 상장기업에 불이익을 주는 대안을 제시했다. "배당성향이 낮은 기업에 불이익을 주고, 배당성향이 높은 곳에 인센티브를 주는 방법도 있다"고 했다.

한편 리스크가 높은 배당과 상대적으로 리스크가 낮은 이자 소득에 대해 같은 세율을 부과하는 우리의 세금 체계가 잘못이라는 지적도 있다. 삼프로TV 진행자는 "배당은 위험자산인 주식투자에 대한 소득이고 이자는 안전자산인 예금에 대한 소득인데, 현재는 이 둘을 금융종합과세로 묶어 동일한 세율로 징수하고 있다"며 "이자와 배당소득에 대한 세율을 차등화하거나, 주식에서 손실을 본 만큼 이자소득세를 차감해주는 등 혜택이 있다면 좋을 것"이라고 제안했다.

이재명도 이 견해에 "합리적인 지적"이라며 "(배당과 이자 소득에 대한) 세율을 조정할 필요가 있겠다"고 동의했다.

다음은 이재명과 삼프로TV 진행자의 '배당성향과 배당 과세'에 대한 대화 내용이다.

이재명 배당성향이 낮은 데는 여러 가지 (이유가) 얽혀 있는데, 배당성향이 낮다 보니 주식을 사서 배당받아 생활하는 게 불가능해요. 미국은 국민들이 주식 사서 배당받아 생활비로 쓰잖아요. 그러니까 사람들이 웬만하면 주식투자를 해요.

그런데 우리나라는 투자 안 해요. 왜냐하면 배당을 안 해주니까. 그런데 이게 또 악순환이 돼서 (투자자들이) '배당을 안 해주더라. 주식투자하지 말자. 배당해주는 회사로 가자' 이렇게 생각하니까 시장이 침체되죠. 이걸 구조적으로 바꿀 필요가 있다는 게 제 생각입니다.

사회자 배당소득세 말씀을 드리자면, 우리나라 기업, 특히 상장기업들이 배당을 안 한다고 말씀하셨는데, 사실 기본적으로 주식투자가 위험자산에 대한 투자잖아요.

이재명 그렇죠.

사회자 그런데 우리나라의 세법 체계는 가장 안전한 투자, 즉 은행에 예금했을 때 받는 이자에 대한 세금과 위험자산에 투자했을 때 그 결실로 받는 배당에 대한 세율이 같단 말이죠.

이재명 그거 일리 있는 지적이네요. 저는 그 생각 못해봤는데.

사회자 그걸 차등화하는 방법도 있겠고요. 아니면 현재는 이자와 배당소득을 종합과세 하잖아요. 예컨대 주식에서 손해 본 만큼 이자소득세를 차감해주는 방법도 좋을 것 같고요.

이재명 제가 오늘 나온 보람이 있네요. 그건 정말 제가 생각 못했던 건데요. 이건 좀 조정을 할 필요가 있겠네요. 이거 합리적이네요.

사회자 우리나라 (국민들의 포트폴리오는) 거의 모든 자산이 부동산과 은행예금이거든요. 이걸 자본시장으로 흘러가게 하고⋯⋯ 그렇게 해서 자본시장이 활성화되면 성장의 촉진제가 될 수도 있겠다는 생각입니다.

이재명 맞는 생각이십니다.

사회자 배당소득에 대해 분리과세 하면, (현재는) 대주주는 배당을 하더라도 종합과세를 하면 거의 50%가 세금이니까 100억 원을 배당해도 나에게 50억 원밖에 안 오는 상황이니⋯⋯.

이재명 맞아요. (배당) 세금을 내기보다는 차라리 배당을 안 하고 (자산을) 뒤로 빼잖아요. 부당 거래 문제도 발생하고요. 결국 기업의 불법 행위를 조장하는 꼴이에요. 이상한 자회사 만들어서 (회삿돈을) 빼내잖아요. 그러다가 적발되면 배임죄에 걸리고. 이런 걸 깔끔하게 정리해야 합니다. 원래 금투세(금융투자소득세)를 도입하면, 배당소득세도 금투세로 넣어서 세율을 22.5%로 바꾸려고 했잖아요. 사실은 그렇게 됐어야죠.

저는 배당을 권장해야 된다고 봐요. 그래야 국내 주식시장이 살아요. 그런데 배당소득에 대해서 세금을 낮춰버리면 국가의 재정 수입이 줄어들잖아요. 반면에 배당소득세를 낮추면 세금 부담이 적으니까 배당이 늘어날 가능성이 많아요. 주식투자도 늘어날 가능성이 많아요. 주가가 오를 수도 있죠. 그것과 관련된 손익을 저희가 계산하고 있는 중입니다.

다음은 '경제 유튜버들과 휴면개미 이재명의 경제 토크' 중 '배당성향과 배당 과세'에 대한 대화 내용이다.

이재명 우리 이소영 의원(더불어민주당)이 배당소득 문제나 저(低)PBR 문제를 해소하기 위한 법안을 준비하고 계시다면서요. 그러니까 (PBR을) 너무 낮게 유지하고 있으면 세제상 불이익을 준다든지, 또는 배당을 너무 안 해주는 배당성향이 낮은 회사들에 대해서는 세제상의 불이익을 주거나 정책상의 불이익을 주고, 반대로 배당성향이 높은 곳은 인센티브 주고, 예를 들면 PBR이 높은 기업도 인센티브 주면 상당히 좋아질 것 같아요.

사회자(이소영 의원) 맞습니다. 배당소득 분리과세는 이미 4월에 발의를 했고요. 상속세를 PBR에 연동해 (주가 저평가 문제를) 해결하는 법안은 곧 발의할 예정입니다.*

이대호(와이스트릿 대표) 이제 시장 투자자들을 위한 마이크로한 질문을 드리려고 하는데요. 과연 우리나라 국민들이 주식에 투자해서, 거기서 나오는 현금흐름을 바탕으로 노후를 준비할 수 있을까 하는 문제입니다. 부동산에 기대지 않는 그런 세상을 만들 수는 없을까. 그러려면 배당이 많이 나와야 하는데, 대주주들의 경우에는 배당을 많이 받았을 때 최고세율이 49.5%까지 가다 보니까 '내가 배당을 해서 뭐 하나' 이런 반응이 나오거든요.

지난번에 배당 소득 분리과세에 대해서 이소영 의원님도 발의를 해 주셨고 이재명 후보님도 배당소득세를 조정해야 한다는 데 공감한다는 말씀을 해 주셨어요. 그런데 (배당소득세를 조정했을 때) 세수 감소를 감수할 만큼 배당성향이 올라가는지 시뮬레이션을 해봐야 할 것 같다고 말씀을 해 주셨는데요.

사실 기업들이 배당을 많이 하도록 유인할 필요도 있지 않습니까? 그러면 선제적으로 세 부담을 낮춰줄 필요가 있는 건데, 과감하게 먼저 결정을 하실 의향도 있으신지요?

이재명 자산 증식, 노후 준비를 위해서는 투자를 해야 하잖아요. 예금이자

---

* 이소영 의원은 2025년 4월 24일, 배당성향 35% 이상 상장회사의 배당소득을 종합소득에서 분리하여 과세한다는 것을 골자로 하는 '소득세법 개정안'을 대표발의했으며, 5월 9일에는 상장주식의 주가순자산비율(PBR)이 0.8 미만인 경우 비상장주식처럼 공정가치 평가를 반영, 상장사 최대주주에 부과되던 20%의 가산세 폐지, 현금 납부가 어려운 경우 물납 허용 등을 주요 내용으로 하는 '상속세 및 증여세법 개정안'을 대표발의했다.

만 받아서는 노후 생활이 힘드니까요. 그래서 국민들이 다 부동산 투자를 하고 있어요. 국민들이 가지고 있는 자산 포트폴리오를 보면 부동산이 압도적으로 많습니다. 그런데 이건 위험하죠. 어느 순간에 부동산 가격이 혹시라도 경착륙하는 상황이 발생하면, 일본 같은 심각한 문제가 발생할 수 있죠. 그래서 대체 투자 수단을 만들어야 하고, 그게 사실은 금융자산 투자, 그중에서도 주식투자입니다.

그런데 문제는 배당성향이 너무 낮다는 것입니다. 저도 주식투자를 오래 해 봤지만, 배당을 정말 쥐꼬리만큼, 용돈 주듯이 합니다. 회사는 튼실한데도요. 이건 비정상이죠. 그래서 투자자들이 주식시장을 외면하는 거예요.

그러면 '어떻게 배당성향을 높이냐' 하는 문제인데, 그중 하나로 고려되는 게 배당소득세죠. '배당소득세를 내리면 배당을 많이 하지 않을까?' 하는 취지인데요. 그런데 전에 잠깐 (배당소득세 조정을) 해봤는데, 꼭 그렇지가 않더라는 거예요. 세금만 줄어서 철회한 일이 있어요. 한 3년 해봤다고 그러더라고요. 연구 검토를 좀 해 봐야 될 것 같고요.

그렇지만 배당소득세 조정에 더해 몇 가지 보완 조치를 하면 어떨까 싶긴 해요. 부작용을 막을 수 있도록 아주 정교하게 입법을 하는 거죠. 그렇게 해서라도 배당소득세를 낮추면 배당성향을 높이는 데 도움은 될 것 같습니다.

이대호 제가 의견 하나만 말씀드리자면, 아마 '배당소득증대세제'를 박근혜 정부 때 3년간 한시적으로 시행했다가 나중에 일몰이 되기는 했습니다만, 당시와 비교하면 지금 국내 주식투자자 수가 3배는 늘었을 겁니다. 그러니까 (배당소득세를 조정하는 것이) 국민 경제에 훨씬 더 긍정적인 방향으로 영향을 미칠 것이라고 생각하는데요.

이재명 네, 하여튼 배당성향을 높이기 위한 다양한 방법을 강구해야 합니다. 이것(배당소득세 조정)도 하나의 방법이고, 배당성향 낮은 기업에 불이익을 주는 등의 방법도 고려할 수 있겠죠.

사회자 지금 우리나라 (기업의) 배당성향이 평균 26% 정도 되는데, 이를 35% 정도로 높이는 것을 1차 목표로 배당성향 35% 이상인 회사들에게 분리과세 세제 혜택을 주면, 배당성향이 그 아래에 있는 회사들은 위로 올라가고자 하는 요인이 생겨서 배당이 확대될 가능성이 높고요. 또 현재 35% 이상인 기업들은 308개밖에 안 되거든요. 그래서 세수 감소도 어느 정도 구체적으로 예측이 가능합니다.

채상욱(유튜브 채널 '채부심' 운영자) 이런 문제에 대해서는 굉장히 포괄적인 접근이 필요한데요. 문재인 정부 때도 부동산 가격을 잡는 과정에서 조세정책을 많이 썼는데, 세금만 바라봐서는 절대 안 되고요.

사실은 대주주들이 직계가족이나 친인척들에게 일감 몰아주기라든가, 회사의 부를 배당이 아닌 다른 형식으로 승계를 하는 게 훨씬 더 유리하다고 생각하기 때문에 그런 (배당성향이 낮은) 방향으로 가는 것이거든요. 배당소득세뿐만 아니라 상법 개정을 통한 이사회

주주 충실 의무라든가, 여러 가지가 포괄적으로 접근이 되는 방식으로 접근을 하는 것이 좋을 것 같습니다.

이재명 그러니까 이게 악순환인데요. 배당을 안 하니까 그 회사의 자산은 계속 늘어나고, 회사의 자산 가치가 올라가서 나중에 상속세 부담이 될 것 같으니까 (오너 입장에선) 주가를 또 낮춰야 되고요. 그래서 자회사, 계열회사 만들어서 거기에 일감을 몰아준다든지, 비싸게 사준다든지, 싸게 제공한다든지, 이런 부당 거래를 통해서 자산 빼돌리기를 하는데, 이건 아주 엄정하게 책임을 묻고 봉쇄해야죠. 그게 공정거래위원회가 하는 일이기도 하고요.

21
금리정책과 한국은행 독립

금리정책에 정치 개입 안 돼
중앙은행 독립성 보장 선언

이재명은 유튜브 채널 '삼프로TV'에 출연해 금리정책에 대한 견해를 묻는 질문에 "그건 한국은행이 결정할 일"이라고 단호하게 선을 그었다.

중앙은행은 정치 권력으로부터 독립된 기관이기 때문에, 한국은행의 중립성을 지켜야 한다는 것이다.

한국은행은 기준금리 조정 등으로 통화량을 조절해 물가안정을 목표로 하는 우리나라의 중앙은행으로, 정치적 중립성과 독립성을 법으로 보장받고 있다.

한국은행법 제3조(한국은행의 중립성)는 "한국은행의 통화신용정책은 중립적으로 수립되고 자율적으로 집행되도록 하여야 하며, 한국은행의 자주성은 존중되어야 한다"고 명시하고 있다.

한국은행의 중립성을 보장하는 내용인데 여기서 '중립'은 정부로부터의 중립을 의미한다. 그러나 역사를 보면 이 조항이 늘 제대로 지켜진 건 아니다. 특히 한국 경제의 압축성장 시기에 한국은행은 '재무부 남대문출장소'로 불릴 정도로 통화 및 금리 운용에서 정부 입맛에 따라 움직여 왔다. 이후 정치 민주화와 'IMF(국제통화기금) 체제' 등을 거치면서 은행감독 기능을 정부에 내주고 현재의 자율성을 확보했다.

그러나 한국은행은 지금도 이따금 정부와 각을 세우곤 한다. 윤석열 전 대통령은 지난해 8월 한국은행 금융통화위원회가 기준금리를 동결하자 "내수 진작 측면에서 아쉬움이 있다"며 불만을 드러냈는데 이 발언을 두고 한은 주변에선 '한은 독립성을 침해하는 부적절한 발언'이란 지적이 나왔다.

이런 사정은 우리나라에 국한된 건 아니어서 현재 미국에서도 대통령과 중앙은행의 대립이 진행 중이다. 도널드 트럼프 대통령이 미국 중앙은행인 연방준비제도의 금리정책에 불만을 드러내면서 제롬 파월 의장을 지속적으로 압박하고 있는 것이다. 트럼프 대통령은 지난 4월 "파월 의장을 해임할 의사는 없다"면서도 "나는 그(파월)가 기준금리를 낮추는 방안에 대해 좀 더 적극적으로 나서주길 바란다"고 말했다.

이런 맥락에서 볼 때 이재명의 한국은행 독립에 대한 발언은 의

미심장하다.

"금리정책이 경기에 미치는 영향은 매우 복합적이잖아요. 금리 부분은 제가 판단을 잘 못하겠어요. 그래서 금통위를 별도로 둬서 독자적으로 결정하라고 독립성을 보장하잖아요."

이재명은 이어 "정치인들이 금융정책에 대한 판단에 함부로 끼어들면 문제가 생길 것 같다"며 "금리정책은 제 영역이 아니어야 한다고 생각한다"고 분명히 했다.

이에 대해 대담 사회를 맡은 김동환 프로는 "굉장히 의미 있는 대답"이라며 "이창용 한국은행 총재가 들으면 만세를 부를 것 같다"고 응수하기도 했다.

다음은 이재명과 삼프로TV 진행자의 '금리정책과 한국은행 독립'에 대한 대화 내용이다.

사회자 금리정책에 대해서는 의견이 어떠신가요?
이재명 금리 부분은 제가 판단을 잘 못하겠어요. 그게 경기에 어떤 영향을 줄지는 매우 복합적이잖아요. 그래서 금통위라고 하는 걸 별도로

뒤서 열심히 독자적으로 하라고 독립성도 보장하잖아요. 정치인들이 그런 판단에 끼어들면 문제가 생길 것 같아요.

사회자 이 부분은 굉장히 의미 있는 대답이 나왔는데요. 왜냐하면 트럼프도 그렇지만 정치권에서는 대부분 금리정책에 대해서 '경기를 살리려면 금리를 낮춰야 된다'라고 말씀해서요. 그런데 "이건 나의 영역이 아니다"라고 말씀하셨어요.

이재명 저는 그래야 한다고 생각합니다.

사회자 중앙은행의 독립성을 보장해야 한다는 말씀이시죠?

이재명 네, 금통위를 그냥 둔 게 아니잖아요.

사회자 이창용 한국은행 총재가 들으면 만세를 부를 것 같은데요.

22
가상자산

가상자산 시장의 제도화
원화 기반 스테이블코인 시장의 조성

"가상자산 시장을 제도화해서 시장에 대한 관리·감독을 철저히 하고, 원화 기반 스테이블코인 시장을 조성해야 합니다."

이재명은 가상자산 시장에 대해 이렇게 말했다. 미국에서는 스테이블코인 규제 법안 논의가 본격화됐고, 유럽연합(EU) 등도 일부 스테이블코인 발행을 허용하는 등 제도권 편입이 가속화되고 있는 반면, 한국은 가상자산 시장의 제도화 움직임이 더디다는 설명이다.

그는 "미국은 국채 기반의 스테이블코인을 발행해 가상자산 시장을 점령하려는 것 같다"며 "우리도 원화 기반의 스테이블코인 시장을 만들고, 이 가상자산 시장을 제대로 관리·감시할 수 있게 해야 한다"고 밝혔다.

스테이블코인은 미국 달러화, 국채 등을 담보로 해 가치를 안정적으로 유지하는 것을 목표로 하는 가상자산을 뜻한다.

국내 금융당국과 제도권 금융계가 가상자산에 소극적인 반면 민간에서의 가상자산 투자 열기는 뜨겁다. 2024년 3월에는 국내 5대 가상자산 거래소의 24시간 거래대금이 약 11조 8,500억 원을 기록해, 코스피 일일 거래대금을 추월하기도 했다. 2024년 가상자산 시장의 국내 시가총액도 100조 원을 돌파한 것으로 나타났다.

이 같은 성장세에도 이를 안정적으로 유지 또는 관리하는 제도적 장치가 부족하다는 아쉬움이 관련 업계에서 늘 제기되고 있다. 가상자산 과세 시행이 수차례 유예되면서, 시장에 혼란을 가중시켰다는 지적도 나온다.

현행 가상자산 과세법상 1년에 250만 원을 초과해 수익을 올린다면, 초과 수익에 대해 22%의 소득세를 부과한다. 2020년 7월 해당 법안이 처음 마련됐고 2022년 1월부터 시행될 예정이었지만, 주식 등 다른 자산과의 과세 형평성 등을 이유로 2023년 1월, 2025년 1월 그리고 2027년 1월로 총 세 차례 시행이 유예됐다.

이재명은 가상자산 과세를 해야 하지만, 그동안은 제도 미비 등 현실적 어려움이 있어 과세가 불가능했다고 말했다. 더불어민주당은 가상자산 과세에 대해 '현재 250만 원인 공제 한도를 상향해야 한다'는 입장을 가지고 있다.

이재명은 "(지난해 7월 가상자산 과세를 유예했던) 당시에는 (과세를 위한) 시스템이 전혀 갖춰지지 않아서, 과세를 시행하면 조세 행정에 혼란만 부르게 될 상황이었다"며 "그 외에도 금융투자소득세(금투세) 시행을 안 하는데, 가상자산만 과세하는 것도 형평성에 맞지 않았다"고 말했다.*

―――

다음은 '경제 유튜버들과 휴면개미 이재명의 경제 토크' 중 '가상자산'에 대한 내용이다.

이재명 사실 달러 기반, 또는 미국 국채 기반의 스테이블코인은 미국의 아주 핵심적인 정책 중 하나인 것 같습니다. 지금 국채 문제를 미국이 해결해야 하잖아요. 새로운 수요를 발굴해야 되는데, 그걸 국채 기반의 스테이블코인을 발행해서 가상자산 시장을 점령하려는 것 같아요.

---

* 민병덕 더불어민주당 의원은 대통령 직속으로 디지털자산위원회를 신설하여 관련 산업을 국가 차원에서 전략적으로 육성하며 정책 조율을 하도록 하고, 스테이블코인 등 디지털자산 발행을 허용하는 내용의 '디지털자산 기본법'을 2025년 5월 10일 대표발의했다.

그런데 우리는 가상자산에 대해서 아직 입장이 명확하지도 않고, 약간 적대시하는 측면이 있잖아요. 하지만 결국 존재하는 현실을 부정하기는 어려울 것이라고 봅니다. 우리가 외면한다고 없어지지 않거든요. 마치 조선 말기의 쇄국정책과 비슷하게 될 가능성이 있다. 그러니까 우리도 이 시장에 빨리 진출해야 하고, 불안하지 않게 거래에 참여할 수 있도록 시장도 제대로 관리·감시하고. 또 원화 기반의 스테이블코인 시장도 만들어 놔야 (가상자산 시장에서) 소외되지 않고, 국부 유출도 막을 수 있지 않을까, 하는 생각을 하죠. 아직까지는 (가상자산 시장이) 많이 방치돼 있는 것 같은데요. 대책을 좀 세우긴 해야 할 것 같습니다.

―――

다음은 이재명과 삼프로TV 진행자의 '가상자산'에 대한 대화 내용이다.

사회자 암호화폐 있잖아요. 여기에 과세를 해야 한다고 얘기를 하다가, 2년 유예하는 정부 방안을 받으셨어요. 요즘 젊은 사람들을 비롯해 가상자산 투자를 굉장히 많이 합니다. 가상자산 시장에 대한 정책이나 세금 문제에 대해 말씀을 듣고 싶은데요.

이재명 참 어려운 주제예요. 제가 독단적으로 결정할 수 있는 영역의 의사 결정과, 상대가 있는 정치적 영역에서의 결정은 많이 달라요. 제 뜻대로 못하는 경우가 많습니다. 가상자산 문제에 대해서는, 그때 당시 현실적인 문제로 시스템이 전혀 안 갖춰져서, 시행을 하더라도 과세가 불가능한 상태였어요.

기획재정부나 이쪽이 전혀 준비를 안 했어요. 그러니까 그때 당시 과세를 하면 오히려 조세 행정에 혼란만 불러올 상태였어요. 만약에 시스템이 다 갖춰졌다면, 판단이 약간 달랐을 수도 있죠. 그 점이 하나 있었고요. 두 번째는 어차피 금투세(금융투자소득세)를 시행을 안 하는데, 가상자산만 과세하는 것도 이상하잖아요.

사회자 그건 그렇죠.

이재명 그 문제도 있고요. 또 한 가지는 가상자산 시장이 과연 과세를 할 정도로 안정되고 통제가 가능한가…… 그런 문제들이 있습니다.

5장

정치

23
'이재명의 정치'

삶을 더 좋게 만드는 게 정치의 역할
이념시대 끝났다…정치는 원래 실용

"국민의 삶을 지금보다 좀 더 낫게 만드는 게 정치의 역할이죠. 그러니까 정치는 실용적일 수밖에 없습니다"

이재명이 생각하는 정치는 간단명료했다. 한국은 지금 "최소 생존도 위협받고 있다"며 정치가 이를 개선해야 한다는 것이다. 그리고 국민 최소 생존의 위협은 "우리 사회의 부와 기회의 총량이 부족한 탓이 아니라, (소수에게) 편중돼 있기 때문"이라고 진단했다.

그럼 정치는 어떤 역할을 해야 할까?

이재명이 생각하는 정치는 '내가 뭔가를 해서 그 결과 남이 행복한 것'으로 압축된다. 그는 "효율적이고 현실적인 뭔가를 새로 만들어서 국민의 삶을 개선하는 것과 사람과 사회 공동체의 미래를 만드는 것"이 정치라고 말한다. 그는 경기도지사 시절 추진했던 계곡정비사업, 서민금융지원사업 등을 예로 들면서 "제가 뭔가를 해서 사람들이 그 결과로 인해 행복해하는 걸 보면 가장 행복하다"고 했다.

같은 맥락에서 정치가 실험이 되면 안 된다고 강조했다.

"정치는 (국민의 삶을 결정하기 때문에) 특정 정치인이 이념과 사상을 실험하는 공간이 되어서는 안 됩니다. 정치는 기본적으로 실용적이어야 합니다."

김용옥 교수 역시 "이념의 시대는 지나갔다"며 "머리를 합리적이고 정의롭게 쓰는 사람이 리더십을 가질 때 국민의 부가 증가한다"고 설파했다. 이어 '경제는 보수가 잘한다'와 같은 일반적인 믿음에 대해서는 회의적인 시각을 보였다.

그는 "공자도 말했듯 (정치는) 적은 것을 걱정하는 게 아니라 고르지 못한 것을 걱정하는 것이다"라며 "정치는 다른 게 아니고 그냥 바르게 하면 되는 것"이라고 했다.

한편 이재명은 정치에서 가장 중요한 민생경제를 해결하는 방식에 대해서는 순환을 강조했다. 그는 "경제는 순환이다. 정부가 (순환을 돕는) 역할을 해야 하는데, 지금 정부는 손을 놓고 있어서 점점 악화되고 있다"며 "(정부가 제 역할을 한다면) 내수경제는 상당한 개선의 여지가 있다"고 말했다.

―

다음은 이재명, 유시민, 김용옥이 나눈 '정치'에 대한 대화 내용이다.

이재명 정치라고 하는 건, 저는 그런 생각을 합니다. 예를 들면 특정 정치인의 이념과 사상을 실험하는 곳이냐? 그건 아니죠.

유시민 그건 아니죠. 그건 무책임한 거죠.

이재명 무책임한 거죠. 그런데 결국은 세상 사람들의 삶을 지금보다는 좀 더 낫게 만드는 게 정치의 역할이고, 그러니까 정치는 기본적으로 실용적일 수밖에 없는 거죠. 이상적인 건, 예를 들면 혁명이나 이런 것들을 기획할 수도 있지만, 사실은 잘 안 되죠. 잘 안 되고, 그리고 실패하면 어떡할 거예요. 그래서 아주 안전하게 가장 효율적으로 가장 현실적으로 뭔가를 새롭게 만들어서 사람들의 삶을 개선하는 거, 사람과 사회 공동체의 미래를 만드는 거, 이게 정치니까 실용적이라고 해야 되죠.

또 경제는 순환이죠. 그런데 이 역할을 정부가 해 줘야 하는데, 지금 정부가 손을 떼고 있어서 순환 자체가 막혀 있어요. 점점 악화되고 있습니다. (이를 해결하기가) 쉽지는 않아요. 그러나 지금 국내의 내수 문제는 어느 정도 개선의 여지가 있고요.

또 기업들이 국제 경쟁을 할 때 혼자 외롭게 싸우고 있거든요. 정부가 지원을 해야죠. 받쳐줘야죠. 길도 열어주고. 그래서 외교의 역할이 매우 중요하죠. 그리고 몇몇 나라에 (외교가) 완전히 집중돼 있는데, 정부라고 하는 게 우리 국민들의 삶에 도움이 되나……

그리고 사람은 자신이 스스로 행복하길 원하잖아요. (저는) 어떤 때가 가장 행복하냐면, 제가 뭔가를 해서 사람들이 그 결과 때문에 행복해하는 걸 보면 저도 행복해요.

유시민 그러니까 정치를 하시는 거예요.

이재명 너무 행복해요. 예를 들면 제가 계곡 가서 (상인들을) 설득하거나 아니면 압박하거나 재정 지원하거나 해서 싹 정비를 했더니, 거기에 수백만 명이 가서 즐겁게 아이들도 놀고…….

유시민 지금도 사람들이 사진 찍어서 올려요.

이재명 그게 얼마나 행복해요. 옛날에는 그 닭죽 5만~6만 원 주고 사 먹고, 안 사면 계곡에 들어가지도 못해서 애들 데리고 쭈볏쭈볏하던 그 수많은 가족들이 이제 자유롭게 튜브 들고 가서 노는 장면을 보면 얼마나 행복합니까?

이런 것들은 사실 각 영역에 있거든요. 예를 들면 몇십만 원이 없어서 온 가족이 '죽어버리자' 이러는데, 제가 50만 원까지는 연 1% 이자로 조건 없이 빌려준다. 대신에 인터넷으로는 안 되고 (은행으로)

와라. 그렇게 해서 50만 원 빌려주고, 그것 때문에 "정말로 고맙다. 우리 죽을 거 살았다" 이러는 걸 보면 진짜 행복하거든요. (누군가는) 누구를 괴롭히면 행복한지 모르겠는데, 저는 그게 안 행복해요.

24
K-이니셔티브 / '민주주의 회복력'

K-이니셔티브 주체는 국민
'계엄 극복'은 글로벌 모범사례

"대한민국이 세계를 선도하는 영역이 있다고 봅니다. 저는 이런 것을 'K-이니셔티브'로 통칭하고 싶습니다."

이재명이 한 말이다. 지난 10일 자신의 유튜브 채널에 공개한 21대 대통령선거 출마 선언 영상에 나온다. 이재명의 K-이니셔티브는 좀 더 정확히 무엇을 말하는 걸까? 대통령과 K-이니셔티브는 무슨 관계가 있는 걸까?

이재명이 작명한 K-이니셔티브는 그의 말처럼 '한국 선도 또는 주도'로 파악된다. 본인도 '대한민국이 세계를 선도하는'이라고 했다. 그 이후 K-이니셔티브를 어떻게 구체화할 것인지 등 실행 방법에 대한 언급은 없었다.

그런데 '김용옥-유시민 대담'에서 이재명은 'K-이니셔티브'의 주체는 정부나 기업이라기보다 '국민'이라고 했다. 정확하게는 "국민이 집단적으로 (세계를 주도한다)"라고 말했다.

그리고 우리가 주도해 나가야 할 것은 '문화'라고 밝혔다. 그는 "우리가 기술이나 산업 같은 것으로 세계를 제패할 수는 없지만, 문화로 세계를 이끌어갈 수 있다"고 했다. 12·3 비상계엄 이후 윤석열 전 대통령의 파면까지 이어진 과정에 대해서도 국민의 역할을 강조하며 "K-민주주의가 하나의 사건이 아니라, 전 세계의 모델이 되는 사례가 될 것"이라고 했다. 전 세계가 인정하는 대한민국의 '민주주의 회복력'에 대한 언급이다.

이재명의 말을 받아 유시민은 K-이니셔티브가 이미 세 차례 발현됐다고 말했다. 첫 번째는 정부와 시민의 협력으로 이뤄낸 코로나 방역, 두 번째는 K-팝과 K-드라마 등 문화 콘텐츠, 그리고 세 번째는 계엄 정국에서 헌법적 절차에 의해 사회 시스템 복원을 견인한 국민 파워 등이다.

김용옥 역시 유교 경전 '대학'의 '수신 제가 치국 평천하'라는 구절을 언급하며 "K-이니셔티브는 '평천하(平天下)'에 해당한다고 말했다. 특히 K-이니셔티브의 주체는 정치가가 아니라, 우리 국민들이 집단적으로 해내는 것이라고 했다. 대통령이나 정부가 주도해 추진하는 공약이 아니라, 국민 모두가 함께 이뤄나간다는 의미로 읽힌다.

　다음은 이재명, 유시민, 김용옥이 나눈 'K-이니셔티브'에 대한 대화 내용이다.

유시민　(출마 동영상에서) K-이니셔티브를 약간 광고 카피처럼 쓰셨던데…….

김용옥　(저는 이재명 후보가) 그 말을 잘 선택하셨다고 생각하는 게, 대학에 나오는 '수신 제가 치국 평천하'라고 하면, 대통령이 하는 건 '치국(治國)'까지고, K-이니셔티브가 '평천하(平天下)'라고 할 수 있는데. 그 K-이니셔티브의 주체는 정치인이 아니라, 대한민국이라는 이 민중국가가 하늘 아래 모든 국가의 모범이 (된다는 말인데), 대학에 나오는 구절입니다.

유시민　우리 국민들이 집단적으로 해낸다는 말이죠?

김용옥　그렇죠.

이재명　예를 들면 우리가 기술이라든지 산업, 이런 것들로 세계를 제패할 수는 없는데, 저는 그래서 김구 선생이 정말 위대한 사람이라는 생각이 드는 거예요. 그 어려운 시절에 대한민국이라고 하는, 어찌 보면 소국이잖아요. 이 소국이 가야 할 길을, 우리가 무력이나 부(富),

이런 것들로 세상을 제패하진 못하겠지만, 우리를 지킬 정도만 된다면 그다음은 문화로 세계를 이끌어 갈 수 있다(고 말씀하신 건데). 그 먹고살기 어려운 시절이 말이에요.

저는 그래서 'K-민주주의' 이것도 그냥 하나의 사건이 아니고요, '이런 게 가능한 거야?'라고 하는 걸 전 세계에 보여준 것 같고요. 아마 전 세계에서 대한민국의 사례를 모델로 찾을 것 같습니다.

유시민 권력자의 친위 쿠데타를 어떻게 이겨내는가?

이재명 그렇죠. 그것도 무혈로, 평화롭게. 저는 위대한 역사의 일부라고 봐요.

유시민 K-이니셔티브 관련해서는 저 개인적으로 논평하자면, 몇 가지 사례가 있는 것 같아요. 우리가 전체적으로 아직 소프트 파워 면에서 세계를 선도하는 건 아닌데, '저 나라 뭐야?' 라고 사람들을 놀라게 한 게 최근에 세 번 있는데, 첫 번째는 코로나19 글로벌 팬데믹 때. 한쪽에서는 중국처럼 봉쇄정책으로 강압적으로 해서 어느 정도 (방역에) 성공을 거둔 나라가 있었고, 대개 민주주의 하는 나라들이 대부분 방역에 실패했습니다. 그런데 한국은 강압적 조치 없이 정부와 시민이 협동해서, 치명률이 높은 시기에 대유행을 막아내고 치명률이 아주 낮아진 다음에 면역이 되도록 (하는 과정을) 성공한 나라잖아요. 그때 굉장히 한국이 이 세계를 놀라게 한 게 하나 있었고요.

두 번째는 K-팝이니 K-드라마니 하는 이런 문화 산업, 대중적인 문화 예술 작품들이에요. 사실 '폭싹 속았수다' 같은 경우도, 그 역사와 문화가 전혀 다른데도 가족 간의 애틋한 사랑과 서로를 위하는 그런 행동과 감정의 교류, 이런 것들로 전혀 다른 문화권 사람들까지도 끌어들이는…… 그러니까 옛날에 '가장 민족적인 것이 가장 세계적이다' 이런 말, '그거 뭔 말이야?' 이랬는데, 굉장히 우리 스타일로 했는데 전혀 다른 문화에 가 닿는 이런 게 있었고요. 그다음에 이번에 대통령의 친위 쿠데타를 무혈로 좌절시키고 다시 헌법 절차에 따라서 평화적으로, 합법적으로 복구해 나가는 이 과정. 이런 게 몇 가지 사례입니다.

25
한국의 엘리트

12·3 계엄에 연관된 권력 엘리트는 무기 든 무뢰배
통치할 자격 없어

이재명은 12·3 계엄에 동조한 한국의 엘리트 그룹에 대해 "현실적인 힘은 가졌지만 결코 통치할 자격이 없다. 그들은 무기를 든 무뢰배"라고 혹평했다.

이재명은 대담 진행자인 유시민 작가가 "(이번 계엄 정국에서) 정치·경제·군사 분야의 파워 엘리트들이 헌법을 무시하고 오로지 자기 이익만 챙기는 것을 보고 많은 국민이 크게 놀랐다"면서 "한국의 엘리트에 대해 어떻게 생각하느냐"고 묻자 이같이 답변했다.

특히 김용옥 교수는 계엄에 연루된 권력 엘리트에 대해 "권력을 가질 자격이 없는 사람들"이라며 "그 사람들은 엘리트가 아니다"라고 했다.

김용옥은 "(과거 한국 전통사회에서의) 엘리트는 국민의 가치관을 관리하면서 문화를 끌고 가는 공동체의 중심 역할을 하는 사람들이었다"며 "그런데 지금 파워 엘리트라고 하는 사람들은 현실적인 권력을 가지고 있는 것처럼 보이지만, 실상은 시험 좀 잘 본 사람들에 불과하다"고 혹평했다. 사법시험을 거친 판·검사나 행정고시를 통과한 행정관료를 겨냥해 그들은 엘리트 자격이 없다고 지적한 것이다.

이어 "(그들은) 역사적 체험이나 그들의 삶의 역정에서 볼 때 그 권력을 가질 자격이 없다"며 "그들이 아무리 준동한다고 해도 (결국) 민중의 힘을 이겨낼 수는 없다"고 덧붙였다.

―――

다음은 이재명, 유시민, 김용옥이 나눈 '한국의 엘리트'에 대한 대화 내용이다.

유시민 우리가 헌법에 따라서 대의민주주의 체제를 하고 있고, 또 직업 관료제를 두고 있고. 나라 운영과 관련된 문제를 일상적으로 다루는 사람들은 사회학자들이 '파워 엘리트'라고 말하는 그 사람들이잖아요.

그런데 지금 보면 대통령은 군대를 동원해서 국회를 해산하려 했고, 헌법재판소는 (대통령) 권한대행이 헌법 위반을 했는데도 중대하지 않아서 그냥 괜찮다고 얘기를 하고, 권한대행들은 헌법을 무시하고 헌법재판소의 결정도 깔아뭉개면서 마음대로 하고, 언론인들은 내란 세력한테 마이크를 쥐어 주고, 군인들은 그 불법적인 지시를 시킨 대로 하고, 경찰도 마찬가지고.

나라의 중요한 중대사를 결정하는 일을 해 온 정치·경제·군사 분야의 소위 말하는 파워 엘리트, 권력 엘리트들이 이렇게까지 헌법에 무지하고 헌법을 무시하고 오로지 자기 이익만 챙기고 이런 모습을 본 것 같아서요. 저만 그런 게 아니고, "정말 이 나라에 무슨 희망이 있냐"라고 말하는 분들도 계시거든요.

김용옥 지금 '파워 엘리트'라는 말을 쓰셨는데, 엘리트가 아니죠, 그 사람들이.

유시민 엘리트답지 못한 거죠.

김용옥 그거는 엘리트가 아니고, 옛날에 엘리트라고 하면, 예를 들어 안동 지역의 퇴계라든가, 그 지방 사람들의 모든 가치관을 관리하면서 그 문화를 이끌고 가는 어떤 공동체의 중심 역할을 하는 사람들(을 엘리트라고 부르는 거죠).

지금 파워 엘리트라고 하는 사람들은 현실적인 권력을 가지고 있는 것처럼 보이지만, 실상은 사실 시험 좀 잘 본 사람들이거든요. 그리고 역사적 체험이나 그들의 삶의 역정에서 볼 때 권력을 가질 하등의 자격이 없어요. 그러니까 그들이 아무리 준동한다 해도 민중의 힘을 이겨낼 수는 없다. 그래서 우리 고전을 공부한 사람들은 (이번 사태가 잘 될 것으로) 아주 낙관을 했습니다. 시종일관.

이재명 (도올 선생님은) 엘리트란 '가치와 품성, 역량을 가진 사람' 이렇게 생각하시는 것 같은데, 선생님의 분류에 의하면 이들은 무기를 든 무뢰배. 현실적 힘은 가졌지만 결코 통치할 자질이 없는. 그러니까 권력을 가진 무뢰배들이다, 뭐 그런 말씀이신 것 같아요. 공감이 가는 바가 있습니다.

김용옥 그리고 민심의 파워를 결국은 그런 소수 엘리트들의 장난으로는 이기지 못한다. 결국은 진리가 승리한다는 생각이 저 같은 사람한테는 확고하죠.

26

단죄와 통합

나는 살면서 한 번도 보복한 적 없다
내란세력 단죄는 사회통합 위한 길

"통합과 봉합은 다릅니다. 무조건 덮어놓는 게 통합은 아니죠. 진상은 분명하게 가리고, 책임질 건 책임져야 합니다."

이재명은 12·3 계엄 사태 후 양극단으로 분열된 한국 사회의 통합을 위해 정치적 보복은 안 된다고 말한다. 그렇지만 내란 주도자들에 대한 확실한 처벌은 필요하다고 했다.

최근 일련의 정치 상황과 관련, 국민들이 궁금해하는 '보복, 단죄, 통합'에 대한 이재명의 생각을 정리해본다.

보복

검찰의 끈질긴 수사와 기소, 그리고 법원 재판에서부터 목에 칼이 들어오는 테러에 이르기까지 매일의 정치가 고통일 수도 있을 텐데 이재명은 의외로 의연하다.

보복은 하지 않을 것이고, 통합을 위해서는 반대 세력까지 포용하겠다는 뜻을 분명히 했다. 그는 "인생사에서 누가 나를 괴롭혔다고 보복한 적이 한 번도 없다"며 "성남시장·경기도지사 재임 당시 나를 괴롭힌 사람들을 내쫓지 않고, 같이 일하면서 성과를 내게 했다"고 말했다.

유시민의 "권성동 국민의힘 원내대표가 입만 열면 '이재명이 대통령 되면 복수의 칼을 휘둘러 피바람이 분다'고 한다"는 자극(?)에도 이재명은 다음과 같이 말한다.

"사람을 괴롭히는 게 즐거운 사람도 있는데, 나는 거기에 에너지 쓰는 게 너무 아깝다. 5년이라는 시간이 얼마나 짧고 귀한데, 누군가를 쫓아다니면서 뭘 하는 건 (시간) 낭비 아닌가? 나는 그게 즐겁지 않다."

이렇게 말해도 듣는 사람들이 "분명히 거짓말일 거야"라며 믿지 않는다면서 예까지 들어 설명한다.

"성남시장이나 경기도지사 하면서 문제를 일으킨 사람들을 내쫓지 않고 교정해서 다 썼다. 산하 기관장을 강제로 내쫓지 않았다. 그런 일도 없고 그럴 마음도 없다. 그런데 끊임없이 '이재명은 분명히 그럴 거야' 한다."

이에 대해 김용옥은 "산업재해 당하고, 두드려 맞고, 그런 가운데 고시 본다고 고생하고, 삶의 역정이 드라마틱해도 이렇게 드라마틱할 수 없는데, 그런 체험을 한 사람이 나라의 리더가 돼야 정치가 제자리를 찾는다. 체험에서 나오는 정의감이 결국 사회에 보탬이 될 것"이라고 했다.

단죄

계엄 관련자에 대한 처리는 어떻게 할 것인가? 단죄를 할 것인가? 아니면 용서해야 하는 것인가?

이에 대해 유시민은 "'완전히 손봐야 한다, 강력한 응징을 해야 다시는 이런 일 못한다'라는 여론이 꽤 있다"고 전한다.

김용옥은 "단죄와 용서가 문제인데, 나는 단죄를 하지 않으면 통합이 되지 않는다고 생각한다. 때문에 사회통합을 위한 단죄가 필요하다"고 단호하게 말했다.

복수를 위한 단죄가 아니라 통합을 위한 단죄, 그래서 타의에 끌려서 계엄 현장에 나온 군인이나 지휘관은 과감하게 용서를 해야 한다고 덧붙였다.

반면 사전공모한 사람들에 대해서는 철저한 단죄가 필요하다며, 그렇지 않으면 우리나라는 정말 후진 국가가 된다고 말했다.

통합

이 대목에서 이재명은 통합과 봉합을 말한다. 분명하게 진상을 가려 책임질 건 책임지도록 해야 한다는 것이다. 다만 "쓸데없이 털어서 괴롭히는 건 안 된다"고 했다.

통상 형사 처벌의 효용은 두 가지가 있는데 하나는 응보, 즉 복수, 국가가 대신해서 하는 복수가 있고 다른 하나는 예방 효과다. 예방과 응보가 형벌의 목적인데 예방 효과도 없고 응보도 충분히 했다면, 가둬놓고 괴롭히면서 사회적 비용을 지출할 필요가 없다는 게 이재명의 생각이다.

"전두환의 내란 세력 때문에 신체·정신적으로 피해를 입은 사람들이 지금도 많이 살아 있는데, 다시 군사 쿠데타를 시도했다. 내란 세력이 '쿠데타에 성공하지 않아도 얼마든지 다시 살아날 수 있네'라고 생각하게 되면, 어느 나라처럼 쿠데타가 6개월에 한 번씩 벌어지는 상황도 가능하다. 이런 상황은 막아야 한다. 사회의 근본 질서를 뒤흔들어 국가를 위기에 빠뜨리는 일이 다시는 벌어지지 않게 완벽한 대응책을 강구해야 한다."

내란 세력 단죄를 통해 같은 사태의 반복을 예방하는 동시에, 사회의 근본 질서를 재확인함으로써 통합을 이룰 수 있다는 것이다.

이재명은 "사람이 한 대를 맞으면 최소한 두 대는 때려야 한다. 두 대 맞은 상대는 다시 네 대를 때리게 된다"며 "이를 적정선에서 정지해야 하는데, 그게 권력이 해야 하는 일이다. 통합이 공동체 책임자의 최고 책임인 이유"라고 했다.

다음은 이재명, 유시민, 김용옥이 나눈 '단죄와 통합'에 대한 대화 내용이다.

유시민 지난 몇 년 동안 정말 이재명 의원께서 죽을 고비를 여러 차례 넘겼어요. 그러니까 정치적으로 죽을 고비가 아니고, 진짜 물리적으로.

이재명 물리적으로, 맞습니다.(웃음)

유시민 물리적·법률적으로 또 죽을 고비를, 제가 보기에는 최소 네 차례를 넘기고 여기 와 계신데요.

지금은 선거법 때문에 대선을 해야 하니까, 플래카드에 이름을 쓰고 욕하는 걸 못한다고 하더라고요. '대한민국의 공적 제1호는 이재명이다' '이재명은 무슨 일이 있어도 안 된다' 이런 플래카드를 전국에 걸었어요. 왜 이렇게 무서워한다고 생각하세요?

이재명 저는 사실 이해가 안 돼요. 일반적으로 보면, 사람은 자기가 아는 만큼 인식하게 돼 있잖아요. 자기가 아는 만큼 말하게 되는데, 첫 번째로 본인들은 엄청나게 이재명을 괴롭혔다고 생각하는 것 같아요. 두 번째는, '이렇게 나오면 반드시 보복을 한다'는 게 그들의 생각인 것 같아요.

유시민 그 얘기 하기 전에, 도올 선생님은 이거 어떻게 보세요? 저 가해자들이 저렇게 계속 악을 쓰는 걸 어떻게 해석해야 됩니까?

김용옥 그렇게 바라보는 사람들의 정치관과 세계관 자체가, 이재명이라는 사람은 성장 배경이나 모든 것들을 봤을 때 대통령이 될 수 없는 계급에 속하는 사람이라는 인식이 있는 것 같아요. 그러니까 전태일이 대통령이 된다는 것과 마찬가지로 생각하는…….

유시민 그것과 비슷하다고 느끼는 거예요?

김용옥 그런 식으로 느끼고 있는 겁니다. 그래서 그들은 '어떻게 전태일 같은 놈을 내가 대통령으로 모시냐' 이런 식으로 생각하게 되는 거죠. 민중신학을 주장하신 안병무 선생이 "예수라는 것은 갈릴리에 일어난 하나의 사건이지, 예수가 누구인지 실체를 따질 필요가 없다. 그런데 그 사건은 어디서나 일어날 수 있는 사건이다"라고 하면서 전태일을 '예수 사건'이라고 말했거든요.

유시민 그런 유형의 사건들이 인류 역사에서 수없이 있었다는 거죠?

김용옥 네, 그러면서 "전태일이야말로 예수다"라고 했거든요. 우리의 민중은 예수가 될 만큼 위대하다는 말씀이죠. 그러니까, 그런 사람에게는 이재명이 대통령이 된다는 게 예수 사건이에요. '어떻게 이재명이 예수가 되냐' 이런 공포가 있는 겁니다.

이재명 저는 왜 저렇게까지 반응하는지 정말 이해가 안 돼요.

유시민 혹시 우리 모르게 못된 일을 많이 하셨어요?

이재명 저는 인생사에서요, 누가 저를 괴롭혔다고 보복한 적이 한 번도 없어요. 제가 성남시장, 경기도지사 할 때도 누구를 해코지해서 내쫓은 일이 한 번도 없어요.

유시민 권성동 국민의힘 원내대표가 입만 열면 "이재명이 대통령 되면 복수의 칼을 휘둘러서 피바람 불 거다" 그러는데요.

이재명 사람을 괴롭히는 게 즐거운 사람도 있는데, 저는 거기에 에너지 쓰는 게 너무 아까워요. 5년이라는 시간이 얼마나 짧고 귀한데요. 그런데 그 시간을 누구 쫓아다니면서 뭘 하는 게 얼마나 낭비입니까? 저는 그게 즐겁지 않아요.

유시민 그런데 그동안 이런 말씀 안 하셨어요?

이재명 이야기를 해도 안 믿고…….

유시민 안 믿어요. '분명히 거짓말일 거야' 이러고요.

이재명 그래서 제가 예를 들어줬어요. 내가 성남시장 된 다음에 나를 괴롭히거나 또는 뭔가 문제를 일으킨 사람들을 내쫓지 않고 교정해서 다 썼다. 경기도지사 하면서 산하 기관장을 강제로 어떻게 해서 내쫓은 거 없다. 다 데리고 성과 내게 했다고 말했습니다. 저는 한 번도 그런 일이 없고 그럴 마음도 없는데, 끊임없이 '이재명은 분명히 그럴 거야' 그러죠. 김용옥 선생님은 어떠세요?

김용옥 이재명 의원의 인생 이야기를 들어보면, 고생을 한 정도가 보통이 아니에요. 산업재해로 신체적으로 당하고, 맨날 두드려 맞고, 그런 가운데서 또 고시를 본다고 고생하고. 하여튼 삶의 역정이 드라마틱해도 이렇게 드라마틱할 수 없고, 그리고 나 같이 좀 편한 가정에서 성장한 사람의 입장에서는 더 끔찍하게 다가와요.

유시민 상상이 잘 안 되죠.

김용옥 그런데 그런 체험을 해본 사람이 이 나라의 리더가 돼 봐야 정치라는 게 번지수를 찾습니다. 그러니까 우리 사회의 제일 밑바닥에서 고생한 이 사람한테 기회를 주는 건, 그 기회를 억지로 주자는 것도 아니고 그냥 절차에 따라서 가는 건데, 왜 거기에 대해서 그 헛소리들을 하냐 말이에요. 저는 이건 한 명의 양심 있는 학자로서 정말 국민들한테 외치고 싶어요. "너희들 이러지 말아라."

(이재명 후보가 대통령이 되면) 이건 정말 하나의 사건입니다. 이재명 후보가 어렸을 때부터 축적돼 온 그 체험에서 우러나오는 정의감이 결국 우리 사회에 큰 보탬이 될 겁니다.

이재명 사실 저도 저 자신에 대해서 의문을 가질 때가 있거든요. '왜 사는가?'라는 생각을 할 때가 있어요. 왜 안 하겠어요? 그런데 결론은, 사람은 자신이 스스로 행복하길 원하잖아요.

유시민 자신의 삶에 의미를 부여하려고 하죠.

이재명 저는 어떤 때가 가장 행복하냐면, 제가 뭔가를 해서 사람들이 그 결과 때문에 행복해하는 걸 보면 저도 행복해요.

유시민 그러니까 정치를 하시는 거예요.

이재명 너무 행복해요. 예를 들면 제가 계곡 가서 (상인들을) 설득하거나 아니면 압박하거나 재정 지원하거나 해서 싹 정비를 했더니, 거기에 수백만 명이 가서 즐겁게 (지내더군요.) 아이들도 .

유시민 지금도 사람들이 사진 찍어서 올려요.

이재명 그게 얼마나 행복해요. 옛날에는 그 닭죽 5만~6만 원 주고 사 먹고, 안 사면 계곡에 들어가지도 못해서 애들 데리고 쭈뼛쭈뼛하던 그 수많은 가족들이 이제 자유롭게 튜브 들고 가서 노는 그 장면을 보면 얼마나 행복합니까?

이런 것들은 사실 각 영역에 있거든요. 예를 들면 몇십만 원이 없어서 온 가족이 '죽어버리자' 이러는데, 제가 50만 원까지는 연 1% 이자로 조건 없이 빌려준다. 대신에 인터넷으로는 안 되고 (은행으로) 와라. 그렇게 해서 50만 원 빌려주고, 그것 때문에 "정말로 고맙다, 우리 죽을 거 살았다" 이러는 걸 보면 진짜 행복하거든요. (누군가는) 누구를 괴롭히면 행복한지 모르겠는데, 저는 그게 안 행복해요.

유시민 어떤 사람은 누구 감옥 보내면 행복한 사람이 있었어요. 그래서 제가 말씀드리는 거예요. (이재명 후보는) 남을 괴롭혀서 그 사람 감옥 보낼 때 행복 안 하시대요. 이재명 정치인은 자신이 한 일 때문에 누가 행복해하는 걸 보면 행복하시대요. 누가 나 때문에 고통스러워 하는 걸 보는 건……

이재명 제가 괴로워요.

유시민 본인이 괴롭대요.

그러니까 그런 플래카드 좀 그만 붙이고요. 출마 선언할 때 "이재명을 무찌르자" 이런 얘기 좀 그만 하시고, 어떻게 국민을 행복하게 할 건지 얘기하시라고요.

이재명 사실 제가 그 사람들한테 비공개 자리에서 이런 얘기를 해요. "정치를 하면서 행복하세요? 나 행복하자고 하는 거 아니에요? 정치하는 당신이 행복해야 국민도 행복해요." 진짜 이렇게 물어봐요. 그런데 (그 사람들은) 엄청 괴로워하면서 그 짓을 하고 있는 거예요. 자기도 행복하고 타인도 행복하고 국민도 행복할 길이 있는데, 좀 그렇게 할 수 있지 않나요? 뭘 그렇게까지 해서 괴로워합니까?

유시민 김용옥 선생님, 이런 이야기는 모범 답안이고 좋은 말씀이에요. 그런데 한쪽에서는 '이번 내란 관련자들을 완전히 손봐야 한다, 강력한 응징을 해야 다시는 이런 일 못한다, 좋게 좋게 넘어가면 또 그럴 거 아니냐'라고 말씀하는 분들도 꽤 많이 있거든요.

김용옥 단죄를 하는 문제와 용서를 해야 한다는 문제가 있는데, 저는 단죄를 하지 않으면 통합이 되지 않는다고 봅니다. 그렇기 때문에 사회 통합을 위한 단죄예요.

유시민 복수를 위한 단죄가 아니고 통합을 위한 단죄요?

김용옥 타의로 끌려 나온 군인이라든가 지휘관들은 과감하게 용서를 하고요. 반면 아주 악의적으로 한 사람······.

유시민 사전 공모한 사람들.

김용옥 사전 공모하거나 이런 사람들은 철저히 단죄함으로써 우리 사회를 통합시킬 수 있는 겁니다. 그걸 안 하고 가면 우리나라는 정말 후진 국가가 되는 겁니다.

이재명 제가 전에도 했던 얘기인데, 통합과 봉합은 다른 거예요. 그냥 무조건 덮어놓는 게 통합은 아니죠. 분명하게 진상은 가리고, 책임질 건 책임지고, 그렇다고 해서 또 다른 이유 때문에 쓸데없이 털어서 괴롭히거나 이런 건 하면 안 된다.

유시민 나올 때까지 터는 거 하면 안 되죠.

이재명 형사 처벌을 하는 두 가지 이유가 있는데, 하나는 응보예요. 복수죠. 복수를 대신해주는 거예요. 나쁜 짓 한 만큼 대가를 치르는 거죠.

유시민 국가가 대신 복수해주는 거죠.

이재명 또 하나는 예방 효과예요. 예방에는 두 가지가 있죠. 그 사람이 다시 그 짓을 하지 않게 하는 것. 소위 특별 예방이라고 하고, 세상 사람들이 보고 '아, 저러면 안 되는구나'라고 생각해서 다른 사람이 따라 하지 않게 하는 일반 예방입니다.

예방과 응보, 이 두 가지가 형벌의 목적인데, 예방 효과도 없고 응보도 충분히 했다면, 뭐 하러 가둬놓고 괴롭히면서 사회적 비용을 지출하냐 이거죠.

결국은 "내란 사범은 어떡할 건데?" 이런 얘기가 나오는데, 사실 군사 쿠데타는 다시는 벌어지면 안 되거든요. 그런데 전두환의 내란 세력은 수백 명을 죽였잖아요. 아직도 그 사람이 지시한 군인들 때문에 총칼로 장애인이 되거나 정신적으로 문제되거나 이런 사람 많이 살아있단 말이에요. 그런데 다시 군사 쿠데타를 시도했어요. 피해자가 아직도 살아 있는데. 그러면 '성공하면 좋고 성공 안 해도 얼마든지 다시 살아날 수 있네'라고 생각하게 되면, 어느 나라처럼 쿠데타가 6개월에 한 번씩 벌어지는 상황이 생길 수도 있잖아요.

유시민 볼리비아가 과거 200년 동안 쿠데타가 192번 일어났습니다.

이재명 이게 말이 안 되잖아요. 이런 상황은 막아야 한다. 사회의 근본 질서를 뒤흔들어서 국가를 위기에 빠뜨리는 일은 다시는 벌어지지 않게 완벽한 대응책을 강구해야 된다고 생각합니다.

유시민 책임을 물어야 될 사람에 대해서는 확실하게 물어야 된다는 거죠.

이재명 제가 이 얘기도 드리고 싶은데요. 사람은 이기적인 존재라서요, 공정한 가해가 불가능합니다. 예를 들면 내가 한 대 맞잖아요, 한 대를 때리면 "이제 됐어"가 안 됩니다.

유시민 두 대는 때려야지…….

이재명 최소한 두 대 더 때려야 됩니다. 그런데 두 대 맞은 사람은 '아, 두 대 맞았으니 적절하네'라고 생각 안 해요. 안 끝납니다.

유시민 그다음에 네 대를 때려야 하는 거죠.

이재명 네, 끊임없는 에스컬레이터입니다. 사람이란 그런 존재죠. 그런데 이걸 적정선에서 정지해야 합니다. 그게 권력이 해야 하는 일이에요. 통합이 공동체 책임자의 최고의 책임인 이유입니다.

27
검찰 개혁

권력은 서로 견제해야 한다
수사·기소 분리, 공수처 강화

"수사권과 기소권을 분리해야 합니다. 검찰이 기소를 위해 수사하도록 허용하면 안 됩니다. 또 수사기관끼리 서로 견제해야 합니다. 한 곳이 독점하면 안 됩니다."

검찰의 수사와 기소를 분리하는 검찰개혁이 꼭 필요하다는 게 이재명의 생각이다.

(우리가 역사를 통해 익히 알고 있듯) 권력은 반드시 남용되기 때문에, 상호 견제를 통한 권력 분산이 필요하다는 것이다.

특히 "고위공직자범죄수사처(공수처)에 검사가 너무 적다"고 지적하고, 인력을 늘려 공수처를 대폭 강화해야 한다고 강조했다.

또 국가수사본부의 독립성과 역량을 강화하고 공소청과 수사청을 신설해서 수사와 기소 기능을 분리해 서로 견제하도록 해야 한다고 밝혔다.

혹시 정치보복을 위해 검찰을 도구로 쓰는 건 아닐까? 과거 정권이 그랬던 것처럼.

"대선에서 승리하면 검찰 개혁을 스톱하고, 검찰 수뇌부에 말 잘 듣는 칼잡이를 배치해서 야당을 도륙할 것이라는 말이 있는데…… (어떻게 하실 겁니까?)"

유시민의 질문에 이재명은 "그렇게 되면 모두 망하는 것"이라고 단호하게 답변했다. 복수가 또 다른 복수를 낳는 악순환이 반복되는데, 자신이 이 악순환을 끊어내겠다고 했다.

김용옥도 이재명의 견해에 동의했다. 그는 "사회를 정화하려면 정의로운 세력이 진정한 권력을 휘두르는 정치 단계가 필요하다고 생각했는데, 그러면 결국 여러 가지 부작용이 생기고 계속 반복될 것"이라고 했다.

―――

다음은 이재명, 유시민, 김용옥이 나눈 '검찰'에 대한 대화 내용이다.

유시민 민주당에서 문재인 정부 때부터 쭉 검찰 개혁을 추진해 왔잖아요. 그리고 지금 대세 여론은, '검찰 조직은 합법적 행정 기관인데, 지난 윤석열 정권에서 범죄 조직처럼 행동했다. 검찰은 개선의 여지가 없기 때문에 수사권과 기소권을 완전 분리해 공소청으로 가야 된다'는 게 정권 교체를 원하는 분들의 대세 여론이에요.

또 어떤 얘기가 있냐면, '이재명이 대통령이 되면 검찰 개혁 스톱시키고 자기 말 들을 사람 검찰총장 꽂고, 칼 들고 와서 다 죽이는 거 아니야' 이런 의심이 있는 것 같아요.

이재명 자기들이 그랬으니까요. 저는 검찰 수사권 문제는, 기소를 위해 수사하도록 허용해서는 안 된다. 수사와 기소는 분리해야 한다, 그게 법무부 안에 있든 어디에 있든, 수사 담당 기관과 기소, 공소 담당 기관은 분리하는 게 맞습니다. 당연히 그래야죠. 수사기관끼리도 서로 견제해야 돼요. 한 곳에서 독점하면 안 돼요. 그래서 몇 군데를…… 저는 공수처를 대폭 강화할 생각이거든요. 지금 공수처 안에 검사가 너무 없어요.

유시민 지금 권한대행이 7개월째 (검사를) 임명하지 않고 있잖아요. 말이 안 되잖아요.

이재명 인원을 막 줄여놓은 거죠. 그래서 공수처도 늘리고, 국가수사본부도 독립성과 역량을 강화하고, 그다음에 공소청과 수사청을 분리한다면, 이것도 철저하게 분리해서 견제하게 하고. 또 수사기관끼리 상호 견제를 하도록 만들어야 합니다. 서로 수사하게 해야죠.

유시민 권력이 뭉쳐 있으면 국민이 피해자가 됩니다.

이재명 (권력은) 반드시 남용됩니다. 권력의 본성이죠. 견제하게 만들어야 합니다.

유시민 그럼 그 말(검찰을 통한 정치보복)에 대해서는요, 검찰 개혁을 스톱시킨 다음 검찰 수뇌부에 말 잘 들을 칼잡이들을 꽂아서 야당을 도륙한다는…….

이재명 그럼 우리도 망하는 거예요.

유시민 그러니까요. 자기들이 그렇게 했으니까…….

김용옥 저는 오히려 그 문제에 대해 상당히 보수적인데요. 뭐냐 하면, 사회를 정화하려면 검찰 세력을 약화시키지 말고, 좀 과감하게, 그러니까 정의로운 세력이 진정한 권력을 휘두를 수 있는 정치적 단계도 필요하다고 생각하는데요. 그렇게 하면 여러 가지 부작용이 생기고 그것이 계속 반복될 것이기 때문에, 지금 말씀하시는 대로 기소권과 수사권을 분리시켜서 검찰 위상을 살려주면서도 (권력을) 제약하는 현명한 정책이 나오면 좋겠습니다.

유시민 그러니까 당장 칼질을 하면 감정적으로 시원할지 모르지만, 그렇게 해 놓고 나면 자기가 또 불안해져요.

이재명 치러야 할 대가가 너무 커요.

유시민 사회적으로요.

28
'우클릭'에 대하여

원래부터 중도보수
성장·실용주의자

 이재명은 12·3 비상계엄 이후 대권에 도전하는 과정에서 본인 스스로 중도·보수라고 선언해 화제가 됐다. 좌우 양측에서 '우클릭'이란 곱지 않은 평가를 받았는데 이런 비판에 이재명은 다음과 같이 대응했다.

 "저는 변하지 않았다고 생각합니다. 제가 아니라 상황이 바뀌었죠."

 20대 대통령선거에 도전했던 2021년과 비교하면 국내 경제 상황이 크게 어려워졌다는 것이다. '분배'는 언감생심이고 '성장'이

시급한 과제가 됐다는 설명이다. 이재명은 "정부 역할이 좀 더 필요한 상황이 됐다"고 강조한다. 시급한 추가경정예산을 통해 내수를 회복해야 한다고 강조한다. 같은 맥락에서 기업 발목을 잡는 규제를 합리화할 필요가 있다고 말한다.

이재명은 원래부터 중도 보수라는 지적도 있다. 그가 '형'이라고 부르는, 사법연수원 동기이자 정치동반자로 오랫동안 가까이서 알고 지낸 정성호 더불어민주당 의원은 "이재명은 원래 중도 보수"라고 한다. 헌법의 가치를 신뢰하고 자유 민주주의와 시장경제를 신봉한다는 것이다.

"그는 가난한 삶을 살았습니다. 잘 살아야겠다는 욕구가 굉장히 강한 사람이에요. 돈 벌려고 애를 많이 썼고, 실력 있는 주식투자자였습니다."

이재명 본인이 가난한 삶을 살았기에, 경제에 있어 '성장'이 중요하다는 것을 누구보다 잘 안다는 것이다. 정성호는 이어 "(이재명이 말하는) 대동사회나 기본사회도 돈이 밑받침돼야 한다"며 "성장이 먼저"라고 강조했다.

또한 이런 맥락에서 국제 외교 관계에서도 이념·진영 논리보다는 '실용주의'를 채택할 것이라고 말했다. 그는 "이재명과 트럼프 등 한미 대통령의 공통점은 협상의 중요성을 잘 알고 또 협상에능하다는 것"이라며 "(이재명 대통령은) 트럼프 대통령과 대화가 통할 것"이라고 말했다. 그러면서 "(미국과 관계가 악화될 것이라는 우려가 있는데) 그런 면에서 전혀 걱정할 필요가 없다고 생각한다"고 밝혔다.

―――

다음은 이재명과 삼프로TV 진행자의 '우클릭'에 대한 대화 내용이다.

사회자 최근에 나오는 우클릭이라는 평가에 대해서 어떻게 생각하시는지 여쭤보고 싶습니다.

이재명 '저 사람이 바뀌었나?' 이렇게 생각하실지 모르겠는데, 저는 크게 변하지 않았다고 생각해요. 제 생각은 똑같은데, 상황이 바뀐 거예요. 3년 전만 해도 상황이 지금 같지는 않았습니다. 경제 성장률도 이 정도는 아니었고요. 대한민국 경제는 그래도 각광받고 있었고요.

그런데 윤석열 정부 3년 동안 너무 많은 게 변했어요. 희망이 사라졌어요. 그리고 예측이 안 돼요. 어디로 갈지 몰라요. 깜깜한 밤이 돼 버렸습니다. 경제에 가장 나쁜 것은 불확실성이거든요. 지금 완벽하게 예측 불가한 사회가 됐습니다.

경제 상황이 너무 나빠졌고, 정부의 역할이 좀 더 필요한 상황이 됐죠. 그런데 그 정부의 역할이라고 하는 게, 시장에 개입해서 이래라 저래라 하는 게 아니고, 시장경제를 부축해 줄 필요가 있는 상황이 된 거예요.

사회자 그러면 과거에는 꺼려졌던 정책인데, '이제 상황이 바뀌었으니 해야겠다'라고 생각이 바뀐 게 대표적으로 어떤 게 있을까요?

이재명 규제에 대한 생각도 많이 바뀌었죠. 발목을 잡는 측면들이 많이 인식되는 거죠. 그런 것들을 좀 더 합리화해야겠다고 생각합니다.

―――

다음은 삼프로TV 김동환 대표와 정성호 의원의 '이재명 우클릭'에 대한 대화 내용을 정리한 것이다.

김동환 두 달쯤 전에 저희 삼프로TV 토론회에 이재명 후보가 2시간 가까이 생방송을 했는데요. 그때 저희 사회자 3명 모두 (이재명 후보가) 2021년에 비해서 많이 바뀌신 것 같다는 얘기를 했거든요. 피습이라든지 장기간 단식이라든지, 또 사법적인 어려움을 겪으면서 조금 부드러워졌다고 할까요? 주변에서도 그런 변화를 느끼시나요?

정성호 전보다 더 여유가 생겼죠. 2021년 대선 때는 당내 기반도 거의 없었고, 참 외로웠죠. 지금은 당원들의 적극적인 지지뿐만 아니라 당대표를 하면서 정치를 같이 한 동지들도 많이 생겼고, 더 중요한 건 여러 위기를 극복하면서 그게 상처가 된 게 아니라, 더 단단해진 것 같아요. 정신적으로 단단해지고, '나를 부정적으로 생각하는 국민들까지 다 끌어안고 가야 되는 거 아니냐. 적대시하는 게 아니라 갈라진 나라를 통합해야 되지 않느냐. 국가 분열과 국민 갈등을 내가 치유해야 할 책임이 있는 것 아니냐' 이런 생각을 많이 하는 것 같아요.

김동환 그런 과정에서 '중도 보수'라는 캐치 프레이즈가 나왔어요. '아니 민주당이 왜 중도 보수지?' 하는 사람이 많았는데, 이재명 후보 본인은 "난 원래 그랬다, 실용주의자다"라고 말했는데, 혹시 대통령 되기 위해서 한 말은 아닌지요? "대통령 되기 위한 슬로건이다, 사람은 안 바뀐다" 이런 평가도 있단 말이죠.

정성호 맞는 말씀입니다. 사람이 잘 안 바뀝니다. 그런 측면에서 보면, 이재명 후보는 원래부터 중도 보수가 맞습니다.

김동환 (바뀐 게 아니라) 원래 중도 보수다?

정성호 맞아요, 원래 그렇습니다. 이재명 후보와 저 둘이서 만나서 얘기할 때 가끔 이런 말을 했습니다. (이재명 후보가 저에게) "형과 나, 우리가 보수에 가까운 사람이다" 이렇게 말합니다.

무슨 말인가 하면요. 보수란 보수가 지켜야 할 가치를 지키는 거 아니겠습니까? 그런데 우리 사회에서 지켜야 할 가치를 핵심적으로 정리해 놓은 게 헌법이거든요. 헌법에서는, 정치적으로는 자유민주주의, 민주적 기본질서라고 나오거든요. 민주주의가 우리 정치적 기본질서고, 그 다음에 경제는 시장경제입니다. 그러니까 정치적으로 자유민주주의지만 국가가 안전보장, 질서유지, 공공복리 등을 위해서는 제한할 수 있고, 시장경제이지만 공익을 위해서는 어느 정도 규제를 하는 경제 민주화 규정도 있지 않습니까? 그렇지만 기본적으로는 민주주의와 시장경제예요.

그다음 룰에 대해서는 국민들뿐만 아니라 집권 세력들도, 정치인들도 지켜야 되잖아요. 법치주의를 존중하면 그게 보수 아니겠습니까? 어디 가서 돈 안 받아먹고, 부패하지 않고, 법 지키려고 하고, 그런 의미에서 보수가 맞는 겁니다.

보수가 맞지만, 그러면서도 이재명은 우리 사회의 약자, 소외된 사람들, 이런 사람들이 거기서 벗어나서 더 올라갈 수 있도록 기회의 사다리를 만들어 주고, 그들도 인간으로서 (존엄과 가치를 갖고 행복을 추구할 권리를 갖게 하는 것에 관심이 있습니다).

사실 그런 점에서 헌법 10조를 좋아하거든요. 인간의 존엄과 가치, 최소한의 자존심을 지킬 수 있는 그런 사회가 돼야 하지 않겠느냐. 이런 점에서는 굉장히 진보적이잖아요. 진보적인 가치를 지향하면서도 중도 보수까지 포용하는 사람이 이재명이라고 생각합니다. 저도 그렇고요.

김동환 사실 (이재명 후보가) 대통령이 되면 '중도 보수'라는 슬로건은 좀 희미해지는 게 아니냐⋯⋯ 특히 산업계에서 "아, 이거 큰일 났는데" 하고. 또 돈 있는 어떤 분들은 "야, 나 이민 가련다" 하는 분들이 실제로 있어요. '이재명 (대통령) 되면 뻔해' 하는, 굉장히 부정적인 두려움이 있거든요.

그리고 (이재명 후보가) 정치권에 들어올 때의 슬로건들, 즉 기본이라든지 대동이라든지, 이런 단어들은 뜻은 좋은데, 보수 쪽에서 볼 때는 '평등, 분배 이런 거 아닐까?' (하고 생각할 수 있는데) 이게 나쁘다는 뜻이 아니라, 본인들의 이익에 굉장히 침해가 될 것이라는 그런 두려움이 (있는데) 그건 알고 계시죠?

정성호 저는 그게 가장 큰 오해인 거 같아요. 그는 굉장히 어려운 삶을 살았거든요. 가난한 삶을 살았습니다. 그렇지만 돈 많은 분들, 부자들, 기업인들에 증오가 (있는 건) 아닙니다. 이재명 후보 본인도 잘 살아야겠다는 욕구가 굉장히 강했던 사람이에요. 그래서 변호사 때도 주식투자 열심히 했고, 돈 벌려고 애를 많이 썼던 사람입니다. 주식을 잘했어요. 굉장히 실력 있는 투자자였습니다.

그리고 아까 말씀하신 기본이든 대동이든, 다 돈이 있어야 되는 거 아니겠습니까? 그렇잖아요. 돈 없이 무슨 기본 사회가 되겠어요. 돈 버는 게 먼저죠. 그게 먼저인 겁니다. 이재명에게는 사실 성장이 먼저인 거예요. 성남시장이나 경기도지사 때도 같은 입장이었습니다. 소위 항산(恒産, 일정한 재산이나 생업)이 있어야 항심(恒心, 변치 않는 마음, 사람이 늘 지니고 있는 착한 마음)이 있다고 하지 않습니까? 무항산이 무항심이에요. 항산이 없으면 항심도 없는 겁니다. 경제가 돌아가고 여유가 있어야 우리 마음도 제대로 지킬 수 있는 거죠.

이재명 후보가 이번에 먹사니즘 또는 잘사니즘 얘기한 게 그런 거죠. 먹고 사는 문제가 제일 중요하죠. 그러면 어떻게 해야 되겠습니까? 먹고사는 문제를 해결하는 데 있어서 가장 중요한 건 기업 아니겠습니까? 우리 기업, 우리 국가 경제와 산업을 이끄는 선도적인 기업들, 대기업들이 잘 돼야죠. 기업이 제대로 투자할 수 있도록, 마음 편하게 투자할 수 있도록 뒷받침해 주는 게 공적 영역. 공무원, 또 대통령의 역할이라는 생각을 갖고 있는 겁니다. 성과를 내야 인간의 존엄을 지킬 수 있는 거 아닙니까? 그래야 기본적인 복지를 할 수 있는 거 아니겠습니까? 그게 안 된 상태에서 어떻게 나눠주겠어요? 무슨 분배를 하겠습니까?

김동환 미국에 대해 걱정하는 분들이 있어요. 윤석열 정부에서는 미국에 거의 올인하다시피 했는데, 그래서 사이가 좋았는지 여부를 떠나서 분류를 하자면 '친미정권'이잖아요. 그런데 이재명 후보는 '미국 트럼프 대통령과 안 맞는 거 아니야?' (하는 우려가 있습니다). 왜냐하면 지금 경제적으로 아주 중요한 국면이거든요. 정치적으로도 그렇고요.

정성호 제가 한국에 나와 있는 미국 쪽 관계자들을 만나 보면, 그런 우려를 많이 하더라고요. 그래서 "왜 그러냐?"라고 물으니까, 전 정권 관계자들이나 그 당시 여당에 계셨던 분들이 워싱턴만 가면 "이재명 후보가 좌파고 친북이고 빨갱이다" 이런 얘기들을 많이 했다고 하더라고요. 제가 직접 미국 관계자들한테 얘기 들었는데요.

그래서 그런 오해가 많다고 하는데요. 이재명 후보는 실용주의자입니다. 외교도 현실주의가 기본 아니겠습니까? 저는 그런 면에서 전혀 걱정할 필요 없다고 생각하고 있고요. 오히려 트럼프 대통령과 얘기가 될 겁니다. 둘 다 강한 사람들이거든요. 그리고 협상할 줄 아는 사람들입니다. 얘기가 되죠. 줄 거 주고 받을 거 받고, 이재명 후보는 역대 어느 대통령보다 숫자에 밝거든요. 숫자 암기력이 매우 뛰어납니다.

29
이재명이 국민에게

대통령이 만들 수 있는 변화 커
고통 따르지만 변화 만들어 내야

"성남시장이 호미, 경기도지사가 쟁기 정도의 변화를 만들 수 있다면 대통령은 트랙터의 변화를 만들 수 있습니다. 지금은 비록 어려운 시기이지만, 변화를 만들 수 있는 기회기도 합니다."

이재명은 대통령이 만들어 낼 수 있는 변화가 결코 적지 않다고 말한다. 지금은 고통스럽지만, 희망이 있는 세상을 만들어 낼 기회이기도 하다고 말한다.

그는 "제가 공직을 10년 넘게 하고 있는데, 공직자들이 어떻게 하느냐에 따라 그 나라 운명이 결정된다는 생각을 계속하게 된다"며 "공무(공무원의 일)라는 게 하자면 끝이 없어서, 상상 이상의 변화를 만들어 낸다"고 강조했다.

그러면서 "대통령 한 사람은 5,200만 명의 우주에 영향을 미치는 만큼 정말 큰 변화를 만들 수 있다"며 "국민들께서도 '그놈이 그놈이야'라고 생각하지 말고, '충직한 일꾼을 뽑아서 일을 제대로 잘 시키면 우리 삶이 정말 근본적으로 변한다'는 기대를 가져주시면 좋겠다"고 말했다.

이재명은 끝으로 "지금이 기회"라며 다음과 같이 말했다.

"변화를 만들어 내려면 고통이 따른다. 그런데 위기 상황이 되면 구성원들이 고통을 감내할 마음의 준비를 하게 되고 그래서 변화가 쉽다. 싹을 심으려면 좀 걷어내야 하는데 지금이야말로 좋은 기회다. 어려운 상황이지만, 그래서 기회일 수 있다, 대변화의 시기다. 더 나은 희망이 있는 세상을 만들 수 있을 것이다."

―――

다음은 이재명이 유시민과 나눈 대화 가운데 국민에게 한 당부다.

유시민 끝으로 이재명 의원께서 우리 국민들께 '이 말씀은 꼭 드리고 싶습니다' 이런 거 있으실 것 같아서요, 부탁드립니다.

이재명 저는 공직이라고 하는 걸 10여 년 하고 있는데, 공직자들이 어떻게 하느냐에 따라서 그 나라의 운명이 결정된다는 생각을 계속하게 돼요. 공무라고 하는 게, 정말 하자면 끝이 없이 많아요.

유시민 그래서 제가 안 합니다.(웃음)

이재명 무한대로 많아요. 그런데 안 하자고 하면 아무것도 안 해도 돼요. 그런데 하기로 해서 뭔가를 최선을 다해서 만들어내면, 그 성과라고 하는 게 상상 이상의 (변화를 만들어 냅니다).

비교하면, 성남시장 일은 호미 정도, 도지사 일을 하면 쟁기 정도. 그런데 대한민국의 일을 하면 거의 트랙터 정도가 돼요. 잘하면 얼마나 큰 변화를 만들겠어요. (대통령 임기 5년이) 짧은 시간이긴 하지만. 저는 굉장히 짧다고 생각하거든요.

대통령 한 사람의 시간 가치는 5,200만 시간의 가치가 있잖아요. 5,200만 국민의 우주에 영향을 미치지 않습니까? 그 귀한 시간들을 정말 최선을 다해서 잘 활용하면 정말 큰 변화를 만들어 낼 수 있을 거라고 저는 믿거든요.

우리 국민들께서도 "정치, 뭐 그놈이 그놈이야" 이렇게 생각하실 일은 아니고, 정말 충직한 일꾼을 뽑아서 일을 열심히 잘 시키면 우리의 삶에 근본적인 변화가 올 수도 있다, 그런 기대를 가져주시면 좋겠어요.

지금 비록 어려운 시기이긴 한데, 이게 또 기회이기도 합니다.

변화를 만들어내려면 고통이 따라요. 그런데 위기 상황이 되면 우리 구성원들이 고통을 감내할 마음의 준비를 해요. 그래서 변화가 쉽습니다.

싹을 심으려면 좀 걷어내야 하거든요. 지금은 정말로 좋은 기회예요. 우리가 고통을 겪고 어려운 상황에 처해 있긴 하지만, 그래서 오히려 기회일 수 있는 거죠. 희망을 가지면 좋겠어요. 정말 대변화의 시기고요, 더 나은, 희망 있는 세상을 정말 만들 수 있어요.

이번이 기회입니다.